錦とボロの話

普及版

二代
龍村平蔵（光翔）著
龍村光峯 増補

学生社

増補版によせて

龍 村 順（光峯）

本書『錦とボロの話』の初版本が発行されたのは、昭和四二年一月一五日となっている。それから四〇有余年、私（号・光峯、本名・順）も後継者になって三〇数年、現在、当時の父（二代龍村平蔵、号・光翔）とほぼ同じ年齢に達している。はしがきで「旧友鶴岡氏が訪ねてきて『錦とボロ』の出版計画をたてたのも、もう数年の過去となってしまった」と述べている。

平成二一年二月末、八〇歳をすでにこえられている鶴岡阷巳氏ご本人から連絡をいただいた。出版元として数々の名著を世に送り出された氏も、本書には格別の思い入れがあると語られ、父のいわば「その後」について、現在の私の仕事などについても書き加えてほしいというご要望をいただいた。

初版発行の翌年、昭和四三年一一月三日の文化の日の特集として、NHKTVで本書を元に、「花樹対鹿錦」の研究復原の過程がドキュメンタリー「幻の錦」として放映され、大きな反響をよんだ。このドキュメンタリーの出来栄えも素晴らしく、後に、モンテカルロ映画祭のドキュメンタリー部門で金賞を受賞したと聞いている。

またこの時のNHKTVのディレクターであった只野哲氏により、現在も使用されている中学校の国語の教科書に、同じく「幻の錦」という題名で同様の内容が描かれている。時折この教科書で勉強した方々からご連絡をいただいたこともあった。

現在、この時のテレビ映像はわが国の文化紹介映画の一つとして、外務省関係機関の視覚ライブラリーに保存されている。

さて、昭和十年に祖父、初代龍村平蔵（号・光波）が病に伏して以降の、二代目「龍村平蔵」としての数ある父の業績の中で一つだけ挙げるとすると、同じ昭和四三年一月十四日に、父の生涯の最高傑作というべき昭和の新宮殿、長和殿春秋の間の壁張としてタペストリー「清光」「寂光」が制作納入されたことを挙げねばなるまい。

この新宮殿（皇居）の建設という大事業の仕事に精魂をこめて携わり、亡くなってしまった明治生まれの美術工芸家が何人もいたという。父も心筋梗塞で倒れ、一時危篤状態になったが、約一年の療養後、奇跡的に助かった。健康を回復してから、完成した新宮殿の内部を宮内庁造営部長であった故高尾亮一氏の御案内で隈なく拝見させていただいたが、この時まだ学生であった三男の私が父に同行し見ることができたのはまことに幸運であった。

「この次は大臣にでもならないと見に来られないかもしれませんよ」と、冗談半分に言われたのが懐かしく思い出される。この高尾氏の御著書「宮殿をつくる」に父のことも記されているが、同氏が父に「雪の北山杉を見てきてほしい」と示唆され、このことがヒントになって壁張タペストリー「寂光」に結実したのである。高尾氏はたいへんな博識をお持ちで目利きでもあり、私もずいぶん可愛がっていただき貴重なお話を伺っている。

このような一見華やかな表舞台も、裏にはきびしい現実があった。「幻の錦」など古代裂の復原には高いコストがかかり、会社の内部でも強い反対の声もあった。昭和五〇年頃には路線の対立から、それまでほぼ経営をまかせていた叔父たちと別れ、七十歳になってから、従来の会社と別に独立し、一からやり直す決意をした。

兄たちが父の仕事をつがなかったので、三男の私が、勤務していた国際交流基金を辞し、父の後継者となった。私も皇太子妃雅子妃殿下の御婚礼の御支度品や、東宮御所に納入した錦の織額、そして近年には、内閣府からのご注文で京都御苑内に建設された国立京都迎賓館のお仕事などをさせていただいている。

現代では祖父や父の時代とは違って、あいつぐ不況や着物離れなどから、伝統文化を底辺から支えてきた伝承技術をになう職人たちの後継者難で、錦織物の世界は絶望的といってもいいほどの危機的な状況に陥っている。

祖父、初代龍村平蔵（号・光波）から父（二代平蔵、号・光翔）、そして私（号・光峯）までは、現代の言葉でいえばプロデューサー兼アートディレクターとでもいうべきか、オーケストラのコンダクター兼作曲家あるいはアニメーションの映画監督のような立場であるが、私の長男で後継者である「周《あまね》」には、龍村家としてははじめて、自分で織ることもできるようにと指示している。自分が経験していれば、人に教えることも可能であるからと思う。

「継続は力なり」を信じて。

ふたたび父のことに戻る。父にとてもかなわないと思うのが、その該博な知識や深く幅広い見識である。もともと美学者をめざして、若い頃から勉学に励んでいたらしく、京都の旧制三高（現在の京都大学教養学部）を経て東京帝国大学の美学に進み、優秀な成績で卒業、美学の研究室に残るように恩師の大塚保治先生にすすめられていたという。

後を継がせるための祖父の計略だったのかもしれないが、たまたま川崎男爵が渡欧されるのに随行し西欧の美術を実地に学んでこい、といった祖父の話に乗って、まさに「遊学」という言葉が当てはまる一年半にわたる夢のような旅行をしている。

そのさい祖父は、「ラファエロのタピストリーと自分の作品の優劣を見てこい」と言ったそうだから驚かされる。

芥川龍之介から、同時代人として天才とよべる人はこの人だ、といわれた祖父は、歴史上の名品とよばれる数々の作品の復元を手がけていただけに、日本一ではあき足らず、世界一を超えて、人類史上最高の作品をめざしていたと思われる節《ふし》がある。まことに業《ごう》の深い人であったと思う、と父の友人が語っていた。ちなみに父はラファエロのタペストリーより祖父の方が上である、と思ったそうである。

父は本書で、そんな祖父の著名な友人たちに接することを苦手であった、と述べているが、私はむしろ父の友人たち、とくに明治生まれの高名な学者の先生方に接することができて、得るところも多く、たいへん恵まれていたと思っている。私も祖父にならって、現代の学者の先生方とのお付き合いは大切にしている。

父の学者としてのレベルがどの程度のものであったかは、素人の私に推し量ることはとても出来ないが、私自身が居あわせた一つのエピソードを語ることにしたい。まだ私が小学生の頃と記憶するが、京都のどこかの喫茶店で、父の友人でもあったノーベル賞の湯川秀樹博士と、父とともにお会いしたことがある。戦後もずいぶんたっているのに、昔の三高時代のようなコートを羽織って現れた湯川博士の姿が、子供心にとても印象的であった。

成人した後に父から聞いたのだが、湯川博士から父に、中国古代の易学思想について聞きたいと言われたそうである。湯川博士の兄には、同じく父の親友でもあった中国古代の研究で著名な貝塚茂樹博士がおられるのに何故父に?と思ったが、おそらく逆に、貝塚先生が「易」の事だったら父に聞いたら良い、といわれたのが真相であろう。

父は十九歳か二十歳の時すでに易学についての論文を書いており、そのノートを肌身離さずもち歩いていたのに、兵役の時の演習で失ってしまったことを悔いていた。

　また父は白川静先生のように、甲骨文字の読める日本でも数少ない一人であった。東洋の美学を確立したかった父にとっては、どうしても行き着くところとして漢字の起源である甲骨文字を解読する必要があったのだろうと思う。

　初代の京都国立近代美術館長で父の親友でもあった今泉篤男先生も父の二代平蔵襲名披露の文章の中で、もし彼が学者になっていればユニークな存在になっていただろう、と書いておられる。現在私の手元には、父がまとめた「東洋美学」の論文集が遺っている。

　身近にこんな先祖を持って、しかもその家業を継がねばならない私としては、まことにしんどいことではあるが、微力ながら祖父や父の名声につぶされることなく、同時にあまり頑張り過ぎないように頑張っていきたいと思っている。私にとってよきライバルは、京都の長く続いている伝統芸能や工芸の友人たちもそうであるように、一時代を画した先祖たちである。四十年後の増補新版という、この貴重な機会を与えて下さった学生社の鶴岡阷巳氏に心からの感謝の意を表したい。

はしがき

人間はだれでも年をとるものである。私もいつか白髪になってしまった。心のなかではまだやんちゃな童子なのだが。

ある日、旧友、学生社の鶴岡氏がたずねてきて、『錦とボロ』の出版計画をたてたのも、もう数年の過去となってしまった。それはかつて父の知友、逸翁（阪急電鉄、宝塚歌劇などの創始者として、また茶人として一流の人物であった故小林一三翁）の義理で、逸翁関係の雑誌に執筆したものであった。神代から天平までの染織関係を随筆風にかこうとしたものであり、かなりの期間にわたって連載したが、まだ完結したものではなかった。

日本の染織に日夜接することのできる私の立場上、日ごろ考えたり研究している「錦とボロ」の話を、まとめておくことも意味がないわけではない、と思って承諾はしたものの、日々これ織錦ですごしている職商人の私には、一冊の本にまとめ上げる時間がなかった。その後も、私は「ハンド・ツウ・マウス（手から口へ）」の生活が連続し、とうとう「心筋梗塞」でたおれてしまった。医者からは絶対安静をいいわたされた。しかし奈良東大寺三月堂の不空羂索《ふくうけんじゃく》観音が夢にでてこられて命は助かったが、余名いくばくか。赤信号もでた。

本年は、「ボロから錦」を得るために、ついに決心して亡父の平蔵名を襲名し、この美術織物の研究を幾代かつづけようとする悲願のシンボルとした。鶴岡氏はこの機会に思い切ってまとめてはと推奨された。幸い、その間に大谷探検隊の発見した「花樹対鹿錦《かじゅたいろくきん》」の研究も一応完成し、その復原もできたことなので、これも一緒に発表しては、というすすめである。私も「襲名の機会に」とも思い、また、なんらかの人生の痕跡をのこすことも必要だとも思い、あえて一冊にまとめてみることにした。

「人生はすべて未完成である。」そう覚悟をきめて鶴岡氏の好意にあまえたのである。私の研究もまだまだ残っている。錦とボロの話も完結していない。しかし、日本古代の錦とボロと、そしてあわせのせた「花樹対鹿錦」という、シルクロードで発見された一片の「ミイラの顔おおい」から、いかなる歴史が物語られるか、いかなる人間の痕跡を学んだか、読みとっていただければまことによろこばしい限りである。

昭和四十一年十二月

龍村平蔵

目次

［編集部注］　普及版にあたっては、初版、増補版にあった口絵は削除した。

一　「錦」と「ボロ」

ボロが錦にかえる

この稿をはじめるにあたってまずお断りしておきたいのは、私がもの知りではないことである。つぎに私は物覚えのいかにも悪い男で、好きな時に寝、好きな時に食べたいだけの欲で生きていること。以上一切無礼御免とご承知をねがいたい。

さて、幸か不幸か、有名な父（注、初代龍村平蔵）を持つと何かとつらいことが多い。ことに父の親友連はにが手で、山岡千太郎翁、小林逸翁先生、阿部房次郎会長（注、みな故人）などは、使いにゆくごとに何か大いに学ぶところはあったのだが、ずいぶん身のちぢむ思いもしたものである。私

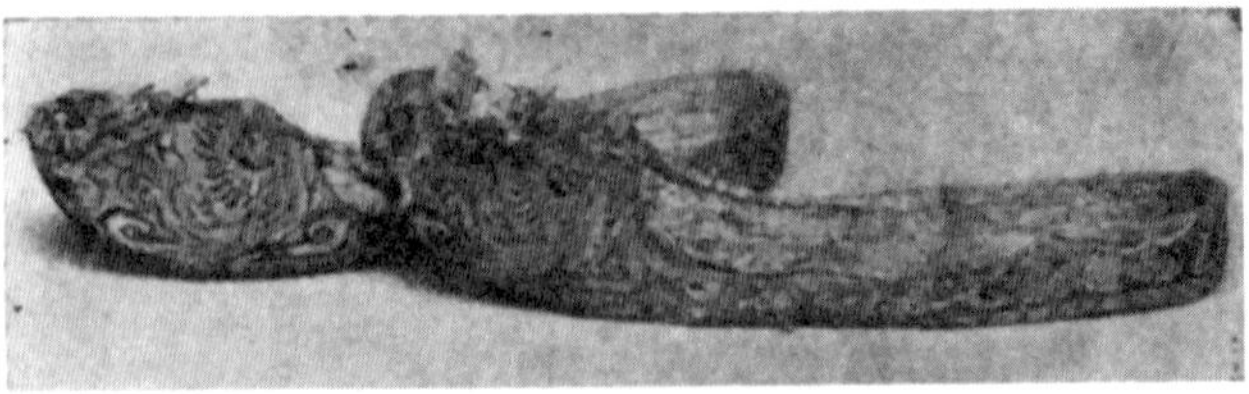

繡線鞋（ぬいのせんがい）（正倉院御物）
ぼろに近くいたんでいる。刺繡した錦をはった靴である。

が逸翁小林先生に最後に拝眉《はいび》の栄をえたのは戦後、池田の邸宅であった。その日私は、宝塚の歌劇などという非常な難事業に成功されたすばらしい大脳から、一つ成功のコツ——奥伝《おくでん》ともいうべきものを頂戴したいと思ってでかけた。玄関でベルを押すと、御大みずから、応接間へ通された。それからの一問一答のなかには、教訓——一生涯忘れえぬ非常な名言があったが、これだけは私の脳中の秘庫にしまっておくことにして、そのつぎのを発表する。

私「織物美術を海外へ輸出したいのですが今度あちらをご覧になって、なにかいいお知恵を拝借できないでしょうか」

翁「そんな知恵はないよ。それより向うへもってゆく金があるなら、向うで米軍の将校などが、日本人からもらっていった骨董品を買って、日本へもって帰って売るんだな。アパートの宿がえなどのために、ずいぶん安く売り払うからな」

とたんに（瞬間ではあったが）私は「商売」というものを悟ったような気

がした。「錦をぼろにかえ、ぼろを錦にかえる。そのぼろに千金の値打がある」と——。

正倉院のお倉のなかで、一三〇〇年前の錦がぼろになり、塵埃《じんあい》になってゆく有様を見ながら、私の胸のなかへ熱い涙がしたたたってゆく。なんだか勿体なくて勿体なくて仕方がない。またその錦を眺めている瞬間、それは有難くて有難くて仕方がない。その裂《きれ》を研究の結果、あらゆる工作を経て、複織がどうやらでき上り、新しい錦として再現しえたとき、いい知れぬ歓喜があり、人知れぬ厳粛な緊張、スリルがある。

ぼろが、錦に還ったのである。

いつか大徳寺で、官休庵宗匠から「再来」という名物の竹花入《たけはないれ》の由来を聞きながら、考えたことがある。茶道に仏心があるというのは、こういうことなのだな、と。場合によっては、「呼び継ぎ茶盌《ちゃわん》」などに、ずいぶん無理だな、と思う時がある。しかし、そう思いつつその美的感覚よりは、努力賞というか、慈悲心というか、そんなものに感心させられる。

私が昭和のはじめに京都の三高から東大へ入学したころ、当時の東京美術学校（現在だと東京芸術大学）の校長をしていた正木直彦翁がいつかこんなことを教えてくださった。

「コットウ（骨董）というのはね、骨——すなわち一旦用が終って骨だけがのこっている器物を、

名物裂　大蔵錦（おおくらにしき）

大蔵錦は稀覯の裂であるが，昭和の初め，鴻池蔵の後醍醐天皇宸翰の太一文字に本歌を発見した。「和漢錦繡一覧」に「花色，赤，モヘキ，白，浅黄右色云々」とあるのはサビ色のためで，実は八色の糸と金箔とを織組んだ厚手錦の金襴である。九色は天子だけが用いることを許された中国の習慣から考えても，これが天子の裂であることは明らかである。またその文様が，法螺貝と瓢箪の道教模様であるから道教を国教とした明時代のものと推察される。けだし金襴中最も豪華なものであって，戦後欧米人の驚嘆をほしいままにしている。（15―17世紀）

利休が世を去ってから，秀吉の趣味は茶道から能楽に転じ豪華雄麗な錦を好み集めた。前田利家，徳川家康と演能した時，引出物として大蔵，金剛，金春の三大夫に明の錦を与えたというが，その一つであろうか。

董――すなわち草の葉を重ねた上に置いて大切にすることをいうんだよ。だから、西洋人のいうような、たんなる用ではなくて、古い器物に新たな用途を見出すところに骨董、すなわち東洋工芸の真骨頂があるのだ」

と。こうなると、趣味品としての鑑賞の境涯をはるかに抜け出て、仏心の表現としての鑑賞力の深さが、日本にはあるらしい、と思った。こんな立派な美的鑑賞態度は、私の知る限りでは、西欧文明にはない。

大学を卒業してから、父の命令で外国の美術品を見てまわった。そのとき英国のエジンバラでのこと。私は父への土産《みやげ》にしようと思って、機会あるごとに金唐革《きんからかわ》—スパニッシュ・レザー—をさがして歩いていたのだったが、やっとのことで見つかった。ある古道具屋の片隅にまいたのが二本置いてあった。私はそれを展開しながら質問した。

「なぜ英国の人はこんなきれいな革を、こんなにやぶってボロにしてしまうんだろう?」

ブロークン・イングリッシュなのであまり意味は通じなかったらしいが、道具屋のご主人はこういった。

「それは、美人が年をとっていくようなものですよ。美術品がいたいたしい。部屋全体の色彩がかわったので、古い革は不要になったんです」

「何年目くらいに代えるの?」

「この方はずいぶん辛棒されたのでしたが、とうとう思い切って新しい布貼りにせられました」

そこで私は一枚を思いのほか安く値切って買ったが、もう一枚の方はついに買えずじまいで、ずいぶんいい旅行をさせていただいたが、これだけは残念であった。

島国根性

私は故川崎武之助男爵（川崎造船所の創始者のあとつぎ）のおかげで、ストックホルムでそのころ世界のマッチ王といわれていたスエーデン大実業家の正式晩餐によばれたことがある。その富豪は自宅として、あるビルの何階かを全部使ってはいたが、しかしそれは川崎男爵の布引の一棟にもあたらない質素なものだった。彼らには飾戸棚があって倉はない。地下室に古いぶどう酒があり、指に巨万の価値のあるダイヤをはめていても、古代の巻物を親しみ用いる風習はもたない。彼らの世界では、ボロはついにボロで、錦もやがてボロになる運命をもっている。

ロンドンの大英博物館は、私のエジプト研究の母校みたいなものだが、毎日通ううちに、驚嘆と感謝のほか、何となく海賊の巣窟へきたような気がしてならなくなった。そこでは、美術品ではなくて戦利品であるかのような感じがした。少なくとも、美術品たちは、蒐集されてほうり込まれただけで、誰から愛せられることもなく、そこにじっといつまでも並んでいる――というふうな寂しさがあった。

「過去は過去である。その過去をたずねる人は、よほど現代離れのした特殊な人間にすぎまい。

私たちはいそがしいのだ」

英国人の高い鼻っぱしらが、こんな風にいっているような感じがした。

ところで、ご同様に島国ではあるが、東の端の日本でも、英国とよく似た海賊根性があって、世界中の珍品を蒐集する癖のあるところはかわらない。しかし、ただ戦利品にしておくのではなく、上手に使いこなして、それらをもう一度楽しむところがちがっている。袋にいれて箱にいれ、さらに仕覆をして外箱に納め、風呂敷に包んで大切に倉へ仕舞うことも変っている。ところが、この習慣を一〇〇〇年も続けているのだから、日本全体として見れば、大変なコレクションができあがってしまった。世界にない面白い現象である。

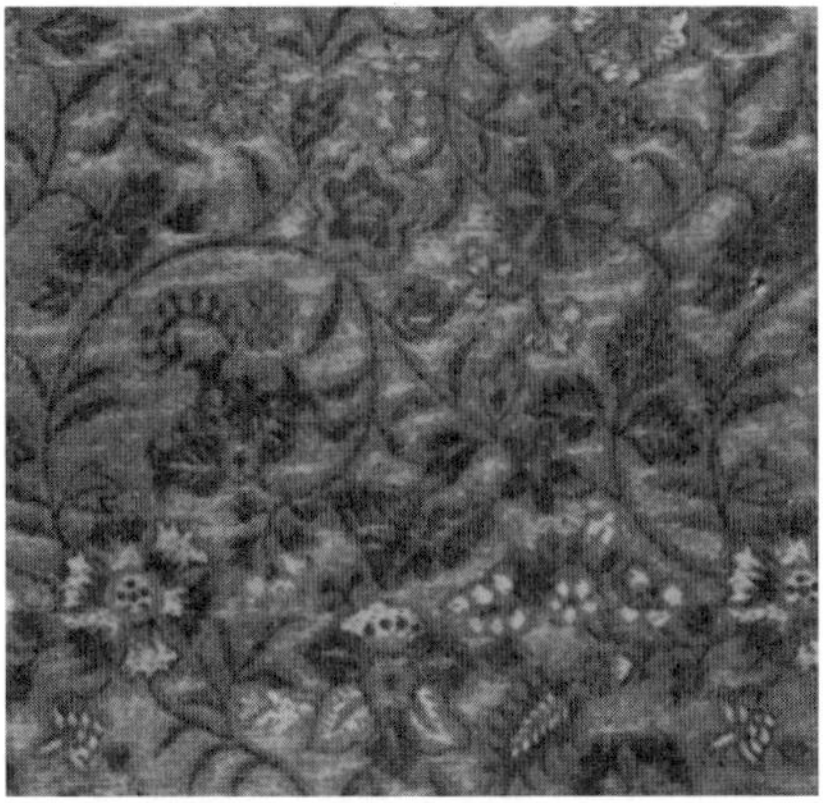

名物裂　早雲寺文台裂（12―16世紀）

早雲寺文台裂は，箱根の早雲寺に連歌の宗匠宗祇が遺したものとして伝来する国宝の文台硯筥の各六方に貼り廻された裂をいう。この錦は，インドのモール唐草の文様を銀ダミ地に織り出した銀襴である。銀襴地というのは中国および日本の紙，漆，薄銀箔三つの技術によって始めて織上げられる。趣味は印度的であっても，中国で織られたものであることは確かであろう。

そのうえ、茶道などという文化的風習

が伝統として成立してしまった。接待にも古美術品が用いられ、数百万円もする茶盌で一服いただくこともある。こんな不思議な現象は、世界中にまたとはないことである。

よく茶席で見る図にこんなのがある。青い眼をした文化人が鞠躬如《きくきくじょ》として床の間の掛軸を見、手に持った茶盌を観察している。一方日本人の方では、見せること自体がうれしくて仕方がないというふうに張り切っていながら、やがて外人にほめられると、「何だか、わかったのかな?」というように不安になる。

世界中のどこにいっても見られない珍現象である。

しかしながらこの日本では、茶道などが中心になって、いつも古美術に新しい活路をあたえるから、伝統は生きてつながり、古代技術は社会の一隅ででではあっても、いつまでも根強くのこる可能性がある。

信楽の茶壺は、おそらく最初は米や麦をいれていたものであろう。それがお茶の保存用となって、いったんは朱の絹網に入れられて床飾りとなり、さらに現代では、なかに竹筒をいれられて花瓶となっている。このように、用い方によって再来し、変化するのだから、古代技術が存続しても悪くないし、滅ぼさずに生かす工夫もある。そうしたなかには、①茶壺の六方網が、外人用のすだれになり、②弓を作る技術が、竹の椅子を作る工業になり、③茶入の袋が、欧米婦人の夜会服になる。というように、よく保存された古代技術は、変った形で現代に生きてゆく。そういう文化的遺産の活用法こそ、日本人独特の力といえるかも知れない。

明治人間

「星移り、人かわる」と古詩はいう。われわれの周囲の群像も、相会う顔がいつのまにかだんだんかわってしまう。昔の美人の顔に、いつしか皺が淋しさを刻み、スマートな青年紳士は半白の痩身となり、時には太っちょの社長に変じるが、その半面には輝くばかりの若い娘たちが、どんどん成長してきて茶席などに花を咲かす。

けれども、私には昔見たような一風変った人が、いなくなっていくように思われる。骨っぽい感じ、眼光の鋭い人間、威風のある老翁、そんな人柄は明治人間の特徴である。明治人間には一人一人深い覚悟があったようだ。

その中でも、英風あたりを払った人は清浦圭吾伯である。伯は「福禄寿《ふくろくじゅ》」の生まれかわりのような異相の傑物であったし、もう一人今泉雄作翁は「寿老人」を想い起させるような人物であった。

禿頭白髯《とくとうはくぜん》の翁が、青竹の杖一丈有余のものを突いて、上野の山をのぼってこられる姿などは、もう二度と見られない風景であろう。

今泉翁は父の先生で、天下の大宗匠だった。

この翁に父の質疑をただしに骨董をもってゆくのが、若い学生であった私の役柄で、御夫婦の前へ出るといつも、春風駘蕩《たいとう》というか、何ともいえぬ温かい豊かな情愛がみちみちていた。もっていく骨董がどんなつまらぬものでも、翁はいかにも嬉しそうに御覧になる。

「サア、コイツハナア……　君ノオヤジニハチトスギタモノダヨ。ダガナア、ヨブンノカネガアレバ、カットキナ。マア君ノオヤジサンモ、コレヲツカエルヨウナ茶人ニナルカモシレナイカラナ」

といったしゃれた調子である。

翁は品川御台場の汽笛をきいて大悟徹底された居士で、つまり禅宗では和尚級の大達人だが、どちらかというと老子のような気分を若い私には感じさせた。

何でも「わからぬ」とはいわれぬ方であったが、ちょっとも物識り臭くはなかった。

「ウーン、コイツハナアー、ソレアレダ……アレダヨ、ソレアレナンダガナアー」

しきりに憶い出そうとされるのが一番成績の悪い日で、たいていの物は一発で内容的中、まったくものをよく見識っておられた。

「先生が何でも知っていられるのは、どんな修行、どんな勉強をされたのですか」

と、父の口述筆記をよむ。

先生は愉快そうに腹をゆすって笑われる。

「ソレハナ、〝昔ト今トハチト修行ガチガウ〟ト、オヤジニイッテヤレヨ。オレタチハナ、名物拝見ナンカ、メッタニ出来ネエ。万一見ラレル幸福ガアルトナ、ウガイチョウズノ上、畳一帖ヘダテテ双ノ手ヲツイテ、ウヤウヤシク拝見スル。一生ニ一度ト思ウカラ、覚悟ガチガウヨ。ホントウニオガンデ見タヨ。ダカラ、間道《かんとう》ノ本歌ナドニナレバ逢ッタガ幸イ青何本、白何本トイウ風ニ、糸数ヲクワシクヨンデ、暗記シテシマッタモノサ」

その後、先生の手写本を入手して、翁のお話が嘘でも法螺《ほら》でもないことがわかった。手写本の肩書に

青木間道　青何本白何本　各縞糸数何本ナリ

と朱の書入れが随所にあった。

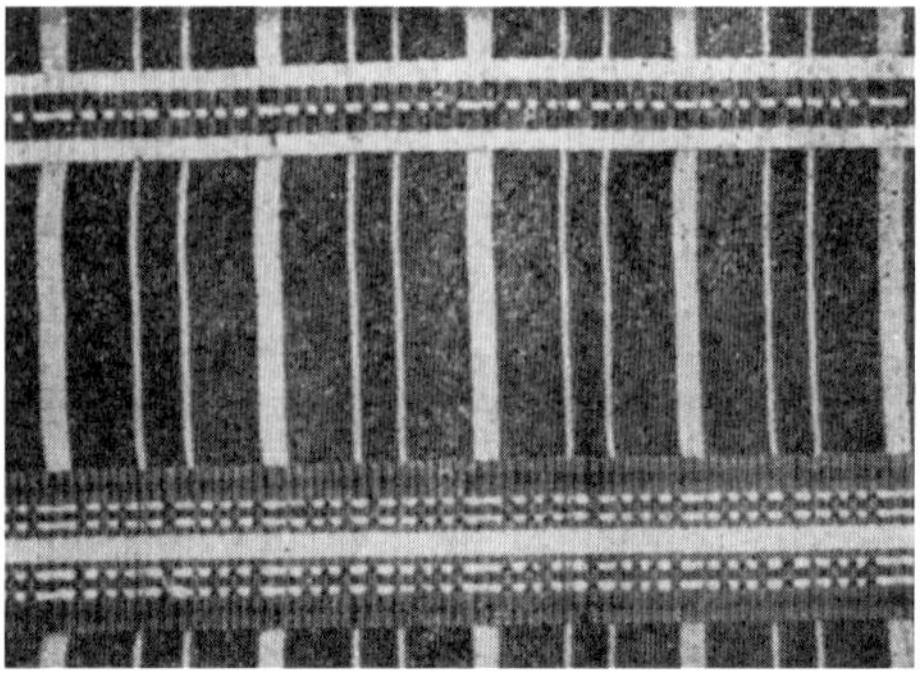

名物裂　間道（かんとう）

間道の文字は洒落気の多い茶人の「あて字」で「カントウ」と読む。今の中国の広東のナマリである。縞の織物を意味する。吉野間道のほかに日野・鎌倉・鶴ヵ岡・弥兵衛・弥左衛門（それぞれ下に間道を付けて呼ぶ）などがある。古来東南アジアは染料が豊富であったから，経糸を染分けて縞織にするのに絶好の条件を持ち，従って多数に生産した。それらを，わが国の貿易船（八幡船など）がジャバ，フィリッピン方面に活躍するにつれて輸出した。弥兵衛・弥左衛門はともに船頭の名で，これらは博多系統の輸入品，鎌倉・鶴ヵ岡は源実朝関係の輸入品，日野・吉野など上方系の名称は堺系統の輸入品と考えられる。もし，この上に，これらの当時の生産地が判明するならば，昔の海外航路が明らかになるであろう。吉野の名は吉野太夫に由来している。灰屋紹益の愛人として知られた太夫が所持したものというのである。横縞の大真田の織風が面白い。

肩越しに名器を拝見していては、美術の味がわかるはずがない。いや、そこに現代の一大苦行があるのかも知れない。

翁が、瀬戸の茶入の話をされる。

若いころ、八丁堀の同心であった翁が、武者修行のように茶道修行もやられた証拠である。

近年は写真や印刷が立派になり、研究が便利になるのはいいが、その結果美術の研究が写真にたよってしまって、実物に接した時の眼力がなくなってしまう傾向がある。ことに人混みの四畳半で他人の

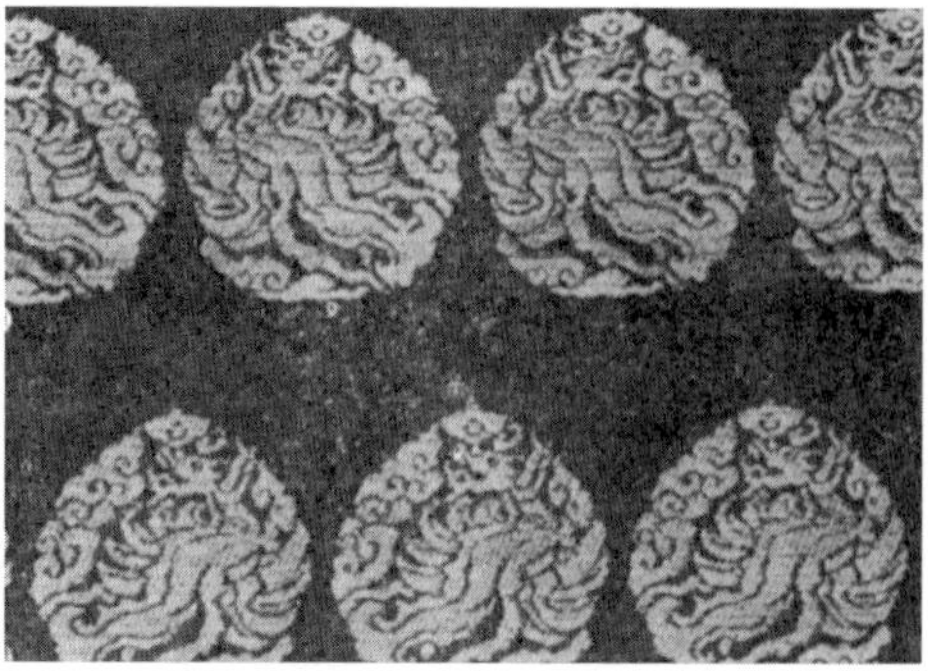

名物裂　興福寺金襴（紀元900年頃？）

興福寺金襴は非常に細い絹糸で織られている。地に角形の地紋があり，宝珠形の金箔文の中には火竜が現われている。密教の幽玄な美を持つもので，もっとも珍しい金襴であるといえよう。鎌倉時代の頃に舶載されたかと思われるが，弘法大師が唐から将来の鉄鉢の裏に貼られた裂との伝説もある。

「コノ土味ノ青ミガナントモイエヌ所へ、瀬戸釉《ぐすり》ガウマクカカッテルダロウ。黄金ノ雲ヲフキツケタヨウダシ、夏珪《かけい》ノ墨絵ヲミテルヨウダロウ。昔、松花堂ガ壁ノ雨ジミニ山水画ガアルトイッタガ、コレガソレダヨ。ソシテ見タマエ……」

翁は茶入をていねいに帛紗《ふくさ》の上にこちらを向けてすえて下さる。丸っこい片手が手刀のように上にあがる。

「ソノタレグスリガナ、ソレ滝ノヨウニタアーットナガレオチテ、タアットトマッテル……ソレガ大名物タル所以ジャ」

私はその気合のなかに、たまらないほど嬉しい大名物の美観が身にしみてくる。あんなことを教えてもらえる達人は、その後二人と出会ったことがない。

「錦」のボロと「ぼろ」のボロ

こうした大名物茶器が、白木の棚にすえられる。宗匠は口に布をあてて献茶《けんちゃ》の点前《てまえ》をされる。その時、全風景の唯一の色彩は、茶入の袋が与えている。大ぶりの金欄《きんらん》は豪華な印象を表現し、渋い緞子《どんす》は点前の哲学的思索を伴奏する。やがて扱いが進んで、その袋から茶入の瀬戸釉が現われる。翁のいわれたように瀬戸釉が金色に輝くのはこの緞子の場合である。金欄の時は、瀬戸釉は黒く強く石のように量を見せる。いずれも結構だといえるだろうが、名物裂《めいぶつ》で緞子を真・行・草の真におくのはこの意味からだろうか。

陶器の鑑賞がいかに進んでも、その陶器を楽しむ方法が、茶道ほど工夫されたものはない。陶器だけではない。錦と釉薬《うわぐすり》美との調和、白木や黒の真塗とのであいの美しさ、それをつぎつぎと構成していく面白味は、茶道のみのもつ醍醐味である。茶道の演出は、こういう工夫が重ねられ、ことに飲み物、食べ方によってその鑑賞を重ねて、しだいに全体の美徳を生活感情の中へひきこんでゆく。そしていつのまにか、鑑賞が生活になり、生活が鑑賞になってしまう。そこに美しい生活がある。これこそ日本文化二〇〇〇年の成果であり、また日本人がいかに好事家で、好人物揃いであっ

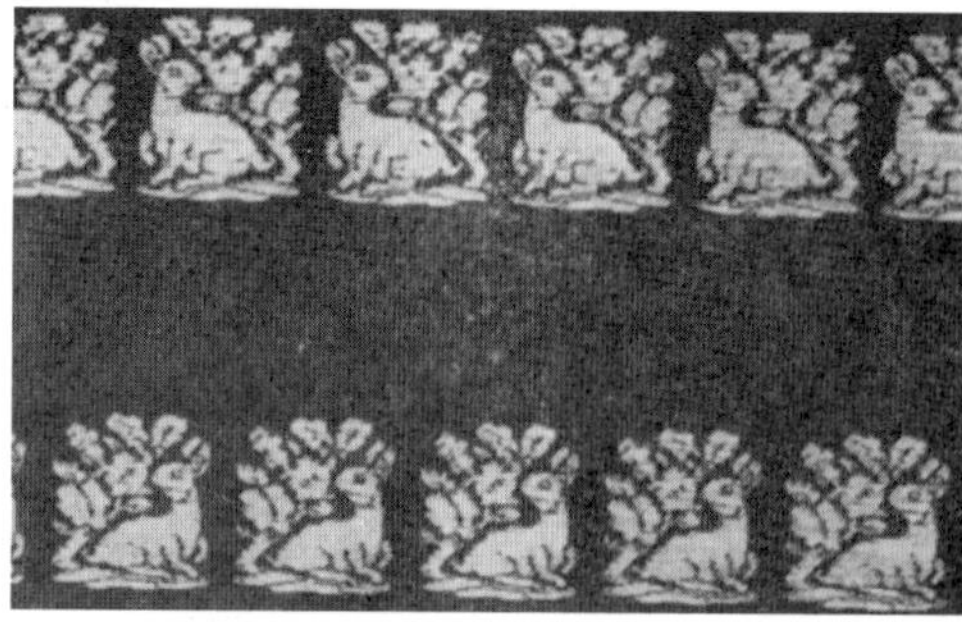

名物裂　角倉金襴（すみのくらきんらん）（12 世紀以降）

桃山時代海外に雄飛した京都の豪商角倉了以が所持した金襴という。耳を立てた兎と，花木とが，いわゆる瓦燈型の中に組まれている文様である（これを「はなうさぎ」ともいう）。この一織文の中に含まれる名画ともいえる形容の淡さは爾来わが国で愛され，いろいろの文様に応用されている。

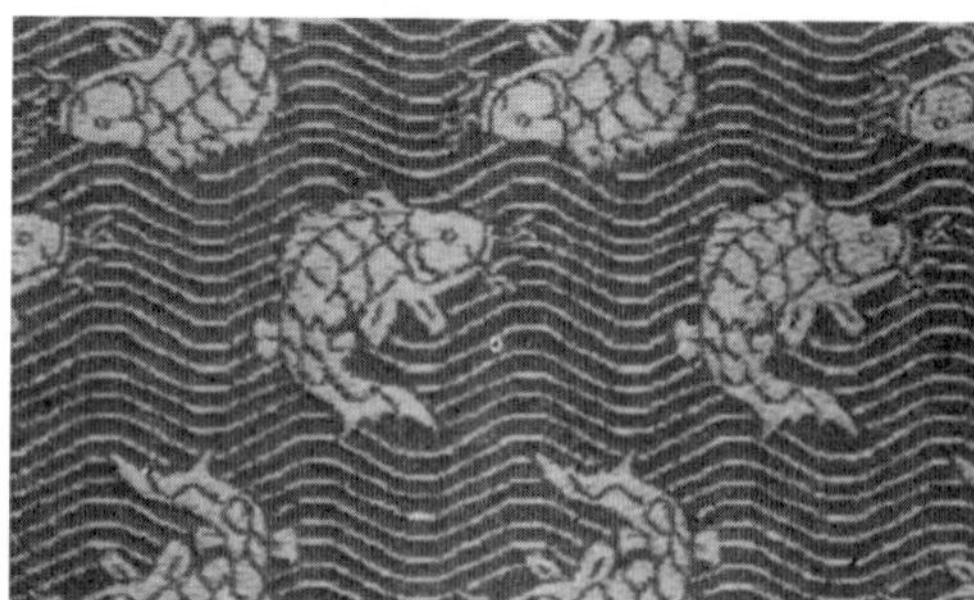

名物裂　荒磯緞子（あらいそどんす）（15 世紀以降）

名物裂中の名物裂といわれるものの一つに，この「荒磯緞子」がある。緞子というものは経糸の目をつまらせて経（タテ）色を生かし，それに色の異なった緯糸を打込み，機上で微妙な色調を織上げるものである。この技法に強い糸撚りを加えると，その撚りの強さが織文をこじ上げて生地に凹凸を形成せしめる。荒磯緞子にも，古渡りの上等物から時代の下るものまで，いろいろ現存するが，例えば東京国立博物館所蔵のようなのが逸品であろう。元来「荒磯」なる文様名は和名であって，平安期以来の魚，岩，波のある文様をいう。中国でのこの種の文様は「竜門鯉魚」の吉祥文であろう。近代的な波文構図の上に，はね上る鯉魚を織上げた周密な織技は嘆賞に値する。

たかを実証している。

青い眼の文化人の驚きは、あの茶会の人ごみにある。彼らは教会でもなく、会議でもなく、宴会でもないたんなる鑑賞会に、こんなに多くの人がきて、こんなに盛んに楽しんでゆくことが不思議でならないのだ。彼らの青い瞳は、かくて一つの器物、一つの技法に凝視しつづける。そして何かを研究し、何かをつかみだしてゆく。

日本研究が、今日ほど盛んなことはなく、日本文化が欧米生活のなかへどんどん浸透してゆく時代もなかった。イタリア建築雑誌「ドムス」の発表写真によると、部屋の真中に日本風四畳半の畳敷きが囲いのように置かれてあったり、簾がカーテンにかわり、竹花入《たけはないれ》を床の間とともに壁面に切り込んだりしている。それが世界の最新流行で、日本の若い建築家たちと同じ方向へ歩いていくように見える。日本の前衛花道や書道はピッタリと彼らの生活感情に交響して、おたがいにわからぬまま喝采《かっさい》と拍手が交換される。西洋にお花の伝統がなかったこともおかしいが、今の日本人が「何を与えたか」ということは、後世大いに批判されるかもしれない危さもある。が、ともかく日本人は、欧米人の知らない工芸をもち、文化を保有している世界的な貴重民族になってしまった。

しかし今！　我々は考えなくてはいけない。

「何が、真に世界人類を幸福にする文化であるか」

「何が、欧米人の真に求めている美の要点であるか」

すくなくともこの二カ条について、過去をふりかえって、その古いつづらのなかから、ぼろの錦と、たんなるぼろとを見分ける必要にせまられている。そのためには、まず現代日本人たるわれわれが、白紙に還って祖先の遺産をよくしらべてみる必要があるだろう。

これが着手のところである。そしてもしこの階段をしっかりと踏まえてふみ出さないと、せっかくお互いに美しい心持になりかけている、あの世界文化交歓の大切な雰囲気が、こわれるおそれがある。

われわれの心の白玉は、古い錦に包まれている。

二 「ボロ」の故郷——ナワから絹へ

織物以前

文化とは、祖先からうけつがれた大脳金庫中の「知識の貯蓄」であり、その「具現力《ぐげんりょく》」である。また文化財は、一つ一つが祖先の血の叫びであり、なまなましい生活記録である。人間生命の表現であり、芸術である。石器や土器にいたっては、沈黙のなかにつくった人間の懸命な努力と、精一杯の生活知識があふれていて胸をうつ。

旧石器から無土器、縄文初期へと進展する数千年の間に、一つ一つ古代人は物をおぼえていったのだが、不明な現象や不慮《ふりょ》の死は、いつも原始生活にはつきまとっていた。魚貝を食い、洞窟に住み、枝を組み、火を焚《た》いた人々は小さいながら社会も構成していた。数家族、または村落社会程度の縄文人は、家父長老のおそろしい呪文《じゅもん》に眼をふせ、母も若者も子供も、神をおそれて祈り、また神にささげる歌や、舞につれて大自然を讃え、そのお下りの賜わり物として、口にした美味《あじ》が、縄文土器の大きな煮物器にしみついている。またあの奇怪《きかい》な土偶《どぐう》は、おそらく縄文人にとって威厳にみちた神の表現であり、守護の願文《がんもん》をききとどける魔力にみちみちた神の象形であったろう。

疫病に倒れる家族がふえた時には、この土偶神はみなのかわりに危険を負担したであろうし、安産の願いには女神として、魅力を発揮したのであろう。

その強烈な印象は、威厳にみちた神の性格をあらわしてはいるが、いまの日本人がもつ神のイメージとは、やや異なるように思われる。

なお、くわしくその姿をみる時、身体に土を縄形にひねって着けてあるのを発見するであろう。一時は入れ墨《ずみ》などと疑われたが、いま私はこの表現が「縄そのものを着衣として用いたこと」を証明していると思う。

造形理論からいえば、織物が発明される以前には経糸《たていと》と緯糸《よこいと》とを組合わせる数学上の知識が必要であり、それはアミの文化として人類が知りえたものである。網の発明は小鳥や魚類の捕獲を可能にし、生活を安定せしめた大発見で、約八千年前の文化と考えられるサハラ砂漠タッシリのネグロイ

尖底深鉢　住吉町式土器（縄文早期）

北海道函館市住吉町出土の深鉢は，下部が蓆状平編（むしろじょうひらあみ），中部より上にかけて，非常に特色ある形をしているが，口縁の八辺形は縄工品が上からつり下げられた時に生じる形であり，斜めはハスカイ的に力縄を入れた構造も縄として合理的である。更に尖頭部をつるし上げたかっこうの八辺の角ごとに上につるす紐が内側にあったような点線まで見えている。

ド壁画に画かれている。

　また中国でも織物は編みもの、とくに籠《かご》や網代《あじろ》の発明を応用してできたといっている。

　このアミの文化はさらに一段階前に、縄や糸のような柔軟な線体がなければアムことができないから、縄の文化がこれに先行していた。

　この縄の文化は、水の多い風土に住み、水辺にそだつ米、ヒエ、ムギ、アワ等の穀類や貝類を食った日本古代人の生活には、資材の手にはいりやすいものとして、深く生活にはいってきた。はきものはワラジであり、

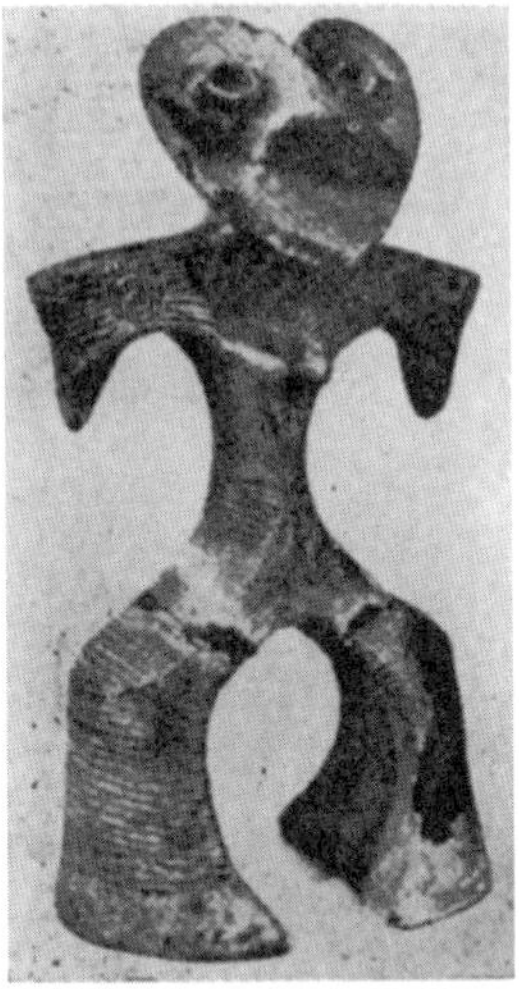

縄文土偶 A

（縄文早期・群馬県吾妻郡岩島村郷原出土）

縄文土偶 B

（縄文晩期・千葉県八千代町高石出土）

縄文土偶も数多いが，千葉県八千代町出土の両手をひろげたこの土偶Bは，有名な群馬県岩島村郷原出土の土偶Aとともに，古代縄衣の有様をよく残している。郷原のものは縄そのものを撚り，または編んだもので，肩衣一枚と袴一枚から成っている。八千代町のものはVネックのやや長い上衣を帯でしめ，下半には袴様の衣をつけている。この方は荒い蓆様の原始織物を上衣にしたと見る方が妥当でAからBへ常人又は武人の衣服変遷がよくあらわれている。

しきものはゴザ、エンザであり、カサはスゲガサであり、入れものはタワラである。ことに神社のおしめ縄はいろいろな暗号的むすび目をつくって、古代酋長が、その門前にかけた縄文字の遺風であるし（琉球およびアメリカインディアンに現存）、また古代生活文化の進展に大きな役割をはたした土器の製造にも、非常に重要な資材であった。

　そのなかでも、ここで問題となるのは、縄衣の存在であ

縄文土偶

青森県木造町亀ヵ岡（右），および森田村藤山（左）の土偶は通常縄文晩期と考えられている。亀ヵ岡は土器の焼成温度の高さと精緻な技巧とで有名である。その技術をもってこれらの奇怪な形態を創造するのは，スーパーヒューマンなものとして，スピリチュアル（霊的）な存在を表現したかったためである。森田村の土偶は女神像と見られ，縄の肩衣と縄の袴とをつけ，胸部は露出していて，昂然と立っている。亀ヵ丘のは巨大なトンボ形の眼をもち，頭に飾り物がある。甲を着た姿と思われるのは，両方から厚司風の堅い衣類を中央で合わせているからである。その下着にさらに縄衣が両袖に見える。威厳に満ちた男神像を表現している。

る。布やあみものが未発達のころ、人間は、
㈠狩猟でえた皮衣を着るか（中国の裘《キュウ》）
㈡草木の葉をつなぎあわせて着るか（葉衣―例・神農氏）、もしくは
㈢縄（縄衣―例・縄衣文珠）を着た。
　縄は糸で縫いあわせ、くくりあわせて衣類に作ったもので、中国の古書に「昔東方では縄衣した」と伝えている。殷・周の象形文字を研究して

ゆくと、夷の字は大（人の象形）と弓（縄の象形）を組みあわせた文字で、夷は縄衣の人をあらわす。この夷と呼ばれる民族が中国の東方にいた。それがいわゆる夷《い》である。しかるにわが縄文期の土偶は土をほそく縄形に着け、または縄をまいたようにつけて、この縄衣を表現しようとしている。これがおそらく東夷の姿ではないか、とすれば東夷は縄文人なのである。すなわち日本には江上波夫氏のいう乗馬侵入民族以前にあるいは海人、すなわち海洋民族以外に、古くから第三の祖先がいた。そして彼らこそ、この縄の文化の荷い手である。そしてまた考古学者のいう多種類の縄文文化の総称であり、東アジアにひろく分布していた。この東夷すなわち縄の文化人が早くから日本へきていたものだろう。正しくは東方一帯にいた縄衣人の総称が殷や周の記録にのこる、「夷」なのである。

　夷人といえば、現在では外国人のように考えていた日本人が、その血の中に夷自体の血統があるというのは皮肉すぎる。が、縄文人即東夷説は成立つと思う。

　さて、実際に土器を「ロクロなし」（縄文土器の前身）でつくってみると、土は上部にゆくほど外へ外へと割れ目ができて、収拾がつかなくなる。それで長目の円錐形（大きな方を下にして）に、㈠土をつみあげるか、㈡土とともに縄をまきつつ造形するかすれば、そうとう大きな器がうまくできる（縄の弾力性が土のひびわれを防ぎつつ、いつもヒズミをもどしてくれるから、大形土器でも比較的安全にひね

甕　勝坂式土器　→

長野・宗賀村平出出土の甕は平底であって，床が縄文中期には造られていたことを証明している。上部の縄文あみは，今日東北の藁工品に見られるように，力の強い撚りを持った太縄を中心としたアミ構造をあらわしている。四菱の尖端部があるのは，縄工品に同じような形のものがあって，それを土器へうつしかえたものと思われる。

←　把手付深鉢　勝坂式土器

縄文中期。長野・茅野市尖石で出土。欧州のコップの把手が，その外側に手としてあるのに，この縄文土器のコップは，把手が上縁にアミ縄の結び目のようについている。縄文土器では，縄の器物を土器がコピーしている一例といえる。

りあげ得る)。すなわち縄文は、文様としてつける以前に、造形の手段であったのである。また縄文土器の表面にのこる紋型は、だいたいこの工法の名残りであるが、なかには蓆目《むしろめ》があって、すでになんらかの原始織物(畳表風の織物)があった証拠となっている。つまり土の局面を自由に得るため、内からてのひら、外から蓆織の物をあてがいつつひねって造形していったと思われる。またこの尖頭カブト形の基本部分の上辺にいろんな装飾がなぜついたのか、知る方法

甕行一土器

縄文後晩期にぞくするこの甕は，堀之内，加曾利など，同地方，同期の精緻をきわめた土器に近く，精確な技術で，わざわざ縄の器物を土器化したものと考えられる。この時代は，縄器も底部は土器（円底形のもの）を用い，飾り縄式でしばってつるしたのかも知れない。（千葉・神崎町古原出土）

もないが、そのある物を見ていると、土器土器の前に縄製の祭器があって、土器は伝統上慣習的にその形をコッピィしているのではないかと推測させる。

上縁の開いた口など、縄の器物をつくったかっこうで、はっきりとその伝統を示している。

縄の衣服形式には

㈠皮と縄
㈡原始織物と縄
㈢縄とかためる材料（例えばニカワ）
㈣または縄と糸

等の資材があり、土偶の一つ一つにそのいずれかの記録があらわれている。㈠および㈢は鎧《よろい》のようなかたい感じをもっているし、㈡は庶民的な衣服のようである。縄の文化はこうして東方が圧倒的にさかんであって中国から夷といわれるようになったのも当然の結果だろう。

織物文化人

この東夷すなわち縄衣民族にたいし、中国殷末周初の文化人が朝鮮半島へ流れこんだ。箕《き》子朝鮮がそれで、銅器の銘で確かめられて有名になったように「周公旦」と「太公望」が山東の尖端まで「兄乙箕《けいいつき》」を追うてせまり、その海上にのがれさるのを見て軍をかえしたのである。

ところが韓を名のる馬韓等三国はその後裔《こうえい》と自称し、「山東省すなわち韓」の地名を名のっており、中国でもそう考えていた。彼らは殷の文化に浴した織物文化人で、明らかに縄衣人ではない。したがって、縄衣人—夷は、それ以前に東方にいた他種族である。その後、半島は衞氏《えいし》、匈奴《きょうど》、武帝の漢の四郡、高句麗、公孫氏、辰王国（三韓）、魏というように北アジアの支配民族と敗残部隊がいりこみ定住して、いわば東洋民族のカクテル地帯となったのであった。したがって各民族の文化も雑然と存在し影響しあうとともに、破壊と掠奪が風のように襲ってくる地帯であった。

それらを避けてついに海を渡り、日本へきた部族がそうとうあったにちがいない。海人と敵対関係になれば災害を受ける。だから海人と同盟した部族だけ日本へ移住することができた。したがって海人と半島文化人との統一を思想上理論立てるために、天照系とスサノオ系を兄弟とする日本神話が成立したと考える。この日本神話的理論の下に統一祖先、同民族、兄弟と相互に認めあった部族の築きあげた文化が、考古学者のいう弥生人であり、ついで古墳人の系統を形成するのである。

弥生式土器の造形理論

ともあれ土器では、縄文の技術が弥生の技術にひきつがれながら弥生式土器独特のめあたらしい作品に変化してゆく。土器は素直に生活の変遷、とくに飲食物の変化を示す物である。弥生式では食物は焼かれ、煮られるのみでなく、料理され、調味され、皿の上にならべられるようになり、小鉢や高坏にもられ、酒がでるというように、食膳のあり方が複雑に微妙に進歩してゆくことが造形にみられる。祭器より生活へ普遍化した土器は、その製法も量産的技術が創案され、とくに不完全でもロクロ的手法が用いられる。

すなわち弥生式では、形を荒どりに不完全なロクロでひき、その後、表面を火にかけたときに割れないため、焼き上げたときに水がもらないように、彫り文のあるヘラ板でたたいて締めたのであって、ロクロのあるなしを概念的に論じるのは実際上は意味が深くない。

元来、円い造形は、土の廻転によってえられる。この造形原理は

㈠ 手で廻わす

㈡ 板の上でまわす

㈢ その板をまわす

㈣ 板を中心棒を中心としてまわす

㈤ その中心棒自体をまわす

この五段階を経て、

㈥ その中心棒に繩や紐をしかける。また穴をあけて、手廻わしにする

等の機械化にはいるのだが、弥生式は少なくともこの第五段階に達している。こうしてつぎにロクロの使用、土の斉一化工作の専門家として土師部《はじべ》が出現する。すなわち工芸特技的部族制度がおこる直前の社会形態を暗示する。

ともあれ中国では倭《わ》は夷《い》ではない（『東夷倭人伝』と言うのは、魏時代には夷は殷に一般名称化していた後の用法である）。倭とは、殷の繩衣人ではなく、早くから織物文化に到達していた民族である。また『魏志倭人伝』にあらわれる国の観念は、今日の村落程度が一国にあたる。日本のような複雑な地

形では、ある半島、ある平野の占拠は小部落でも可能である。一、カ、コ、イ、が一国を形成できる。この小国連立地帯での文化交流はたがいに容易に敏感に交流が行なわれるから、全体としては区別しにくい性質の特徴、すなわち海洋民族的特性が全日本を通じてあらわれることになる。海洋民族工芸の特徴は自然主義的性質のあること、曲線のうま味、とくに無駄をはぶいた用途に適した器構の自由性があることは、エジプトとギリシアとを比較して明らかである。

縄文も、ある意味では海洋民族的といえるが、弥生になると、海洋民族的美感がしみ出てくるようだ。たとえていえば、縄文土器を貝殻の一杯ついた荒磯の巌石のような姿とすれば、弥生式はおだやかな砂浜にふっくらとうずくまる石ころのような相をもっている。埴輪の美を生む要素が十分に備わってきているのである。

弥生式文化

きびしい自然との戦いに明け暮れた縄衣人は、一本の巨樹をぬき、一坪の土地を払い、一宇の住居を建てつづけて数千年を経たのである。人はまれで、人間には人間がめずらしかった。石ヤジリや石刀はしだいに立派に成形され、麦や稲もみごとにとれるようになった。このように縄衣人の自然征服が成功したころ、彼らは思いもかけぬ強敵にであう運命になった。それは熊でも、狐でも、猪でもなく、じつに見知らぬ文明人の侵入であった。

おそらく満州から南下をつづけ、朝鮮半島を経て日本西部に上陸したこの人々は、石器時代人でなく、青銅文化、否、もっともっと進化した文明人で、強力な指揮系統をもつ乗馬隊を形成し、訓練された兵団として行動したのであろう。たちまちのうちに九州北部、本州西部に君臨してしまった。銅剣・銅鉾・銅鏡等、青銅の見事な武器・祭器を象徴的にかかげ、櫛目土器をつくり、高坏に食物をもり、なかには金冠をかむり、金鈴を打ち鳴らしてゆく貴人もあった。馬をもち、大弓を射る彼らはタカミムスビノカミの系統であるとも、スサノオの血統であるとも考えられる。

縄衣人の多くは、その水田とともに彼らに降り、同化し、水田耕作者として地方地方で彼らと一丸になっていったのである。

これと相前後して、二枚帆（楼閣付）の巨船にのって、銅鏡を象徴とする人々が、太平洋海流にのって紀淡海峡、伊勢湾、駿河湾等から登場する。イヨ、イガ、イズ、イセ等、国名の頭にイのつく国々は、彼らの根拠地を意味する地名ではなかったろうか。それらの国では銅鏡を出土する。さらにイキ、イズミ、イワミ、イズモ等も何らかの要地を意味したのかも知れない。ともあれ銅鏡という不思議な青銅器が彼らの象徴的な祭器であることは、中国の周・秦文化に接触してきた証拠である。

鉄剣をもち、銅鏡をもち、巨樹をあがめ、巨石を中心として封土をつくり、鳥居、玉垣を結いめぐらし、そこに部落を形成して荒蕪地《こうぶち》を水田へと開拓していった。この人々は元来、米作と機織《はたおり》を知っていたことは登呂《とろ》遺跡の発掘によっても明らかになっているが、彼らに指導された原住民は種種雑多である。コロボックル、エゾ、土蜘蛛《つちぐも》、熊襲《くまそ》ほか幾多の種族名をあげうる。

これらの人々は、武力をもって登場したヤマト人が、一面ではすぐれた生産技術をもっていたから、その技術が先住豪族間で高く評価され、むしろ移住は歓迎され、各豪族から娘を納《い》れ、また皇子の降下を求めるなど、人種の和合混血による産業開発が数百年つづいた。このころがいわゆる弥生文化の時代である。

この混血統合に関し、もっとも問題となるのは言語である。元来国家統一は、ほとんど言語が共通、または一定になるかならないかで定まる。日本の場合も同じである。縄文人とヤマト人、九州人とヤマト人の間に片言《かたこと》まじりの通話がかわされ、しだいに共通言語へ進化していった。現在、日本方言研究の学者によると、いくつかの地図が方言に関してでき上っている。その結果をみると、その取材の方法によっていろんな結論がでてきているが、大きく分けると、中央の山脈から北および東と、西および南とに分けられるらしい。日本アルプスなどの中部脊梁《せきりょう》山脈が強く方言を区分し、各地の部族の文化差を支配している。

つぎに土器の研究から総合してみると、弥生式の時代は、各地方が各々独自の生長をとげた時代で、各地独特の器形や技法が生まれでる。ことに唐古の彩色土器、磯城《しき》の波状櫛目などは、次代のすぐれた技法を暗示しており、九州のかめ棺は、その特殊性において、人の目をみはらせるものがある。

しかし全般的には縄文的技法はゆるがず、それに櫛目的技法、ヘラ彫的技法、竹ササラのような強い掻《か》き上げなどが技巧的に加わって自由奔放な土器文様の発達が各地で見られる。

その間に後世の「ロクロ」とまではいえなくても、一種の「廻転する台」が土器工作に用いられはじめたことが、波状のヘラ目や、環状の線によって立証される。ことに土器口縁のヒネリカエシなどが始まり、「ロクロ」の出現を暗示している。この事情は登呂遺跡で見られるように、弥生時代がじつは木器全盛期であり、その木器の一つ一つに生活の創意工夫が秘められていることを暗示している。その木器の中には鍬《くわ》もあれば、スキもあり、織機もあれば、発火器もあった。臼《うす》も杵《きね》も、下駄も、机も、サジもそろっていた。おそらく機械的なもの、運輸的なものも考案されていたであろう。前述のように巨船ができているのだから、一応必要に応じて、あらゆる生活の道具が木造で造られた。いわば日本生活文化はこの木器とともに曙光を迎えたといえる。

貫頭衣

繊維に関しても藤、楮《こうぞ》、麻のセルローズ、草や藺《い》のセルローズなどを水につけて取り出し、ユフとして採集したり、タギマ、カラムシなどのように、植物を蒸《む》したり、煮たり、叩いたりして繊維質をのこし、糸を製造した。

こうして一旦柔軟で、強靱《きょうじん》な糸がとれると、竹や縄で発明されていた編み方、織り方は直ちに応用され、織機の工夫、数学的知識（かぞえ方）と組みあわされて布ができあがった。これは当時としては非常に革新的な変化だったろう。土器の底、青銅器、鎧《よろい》についた布目《ぬのめ》が発見される。これによって考えると、布は着物、帯、履物《はきもの》、マジキリ、幕など多方面に活用され、粗密《そみつ》いろいろと製織された。織物のうち太くあらい布はアラタエ、すなわち労働服として用いられ、やわらかで美しい絹などは美化服（ニギタエ）として賞美された。

貫頭衣（正倉院所蔵）

『魏志倭人伝』に「穿其中央貫頭衣之」とあるが，上図を貫頭衣と呼ぶかどうかでは学説がわかれている。正倉院では貫頭布衫（ふさん）と呼んでいる。

『魏《ぎ》志《し》倭《わ》人《じん》伝《でん》』のいう貫頭《かんとう》衣はあらい布で、さいわい今日正倉院に祭祀使丁の布衣《ほい》としてのこっている。あらく強い麻生地を二つ折りにし、中央に丸穴をあけて首を入れただけのもので、後世の堅衣《かたい》裳《しょう》のはじまりをなすものである。湿気の多い日本では、腋《わき》の下の風通しよく、直射日光を避け、汗が衣類をベトベトぬらさぬために適当な間隔を保って、衣類が肉体と離れているのが快適である。この風土的欲求が貫頭衣を生んだのであって、裁縫を知らなかったからではない。

このころ、ニギタエと呼ばれた絹はようやく普遍化してきて、アマテラス系の人が住む地方には桑が植えられ、蚕《かいこ》が集団的に飼われ、それらは玉垣の中の大宮にはこばれ、神機で神女によって織られた。「かむはた」はいまも伊勢神宮にのこっているように模様のない無地機またはつづれ織りをおるに適したような織機であった。布は当時経済的に流通力をもち、富力の中核をなし、神に属していた。この有様は、スメル文化最古の羊毛文明の状態とよく似ている。けだし、玉垣に囲われ、武人がまもる宮は、最高級物資の工場であり、宝庫であり、富と文化の中枢であった。この宝庫がいわゆるミヤケ（屯倉、三宅）である。ミヤケは正倉院のような校倉《あぜくら》建築で、少数の貴人がその鍵を握っていた。

このころから玉や、布や、青銅器、宝剣および田地の所有量によって貧富の差が生じ、部族の祭祀における役目から貴賤《きせん》の差が発生した。その上に、他民族との戦いによって捕虜、奴隷ができ、支配階級形成のテンポをはやめた。こうして、ある人々が、他の人間にたいし脅迫的支配力を持って、十分に利益をえられることがわかると、部族と部族との間に決死的闘争すなわち戦闘がはじまり、勝利の動物的、本能的快感がこれに油をそそぐ。勝利をうるための人的資源——戦士は貴族となり、貴族の中心人物は王となった。王は部下の戦士と、富と、名誉を支配し、「平和」と「戦争」を定める。こうして人類史に血なまぐさい「戦争」と「平和」が登場した。

ヤマトの形勢

ヤマト人とタカミムスビ人との折衝がいかに行なわれたか？　これが日本古代史の複雑な様相をとく鍵である。この折衝の二大焦点となったのは北九州とヤマトである。

ヤマトではオオミワノカミ、ヒトコトヌシ、タカキノカミ等、出雲ではオオクニヌシ、コトシロヌシ、スクナヒコ等が、ヤマト人の最初に接触した有力者である。その神々は平原周縁の丘陵地帯に割拠《かっきょ》し、そこに神々の宮居が築かれていた。その中央沼地こそ良田で、そこ（たとえば畝火山麓）へヤマト人が進入したのである。歴史では神武天皇（カムヤマトイワレヒコ）が熊野、葛城の新付軍を先鋒に大伴、久米の大軍をひきいて進入した。鉄剣、長楯《ながたて》、長鉾《ながほこ》、大弓《おおゆみ》、鉄甲《てっこう》で武装したこの軍勢は、たちまちナガスネヒコ軍をやぶり、四方を威服、平定した。

このころのヤマト人は、アマテラス系御神体の「宝鏡」、スサノオ系御神体の「宝剣」と不思議なる「マガタマ」を民族象徴として、サカキの枝にかけ、ヒレ（薄い織物―おそらく絹織物）を枝々にまつわらして高く先頭にかかげていた。けれども、そこには前代の銅鐸の影も形もない。また金《きん》鞍《あん》や馬鈴などもない。おそらく前代の人と支配者がいれかわったのである。この新しい支配者は、素朴な、純真な、卒直な人々で、何か線の太い感じと、勝利者らしい態度をそなえていて、古事記の古歌が示すように日本語を話していたのである。彼らは水田、養蚕《ようさん》を人々に教えひろげ、ヤマトコトバで歌をつくり、太鼓や笛ではやし、車座になって踊りをたのしみ、南洋的な娯楽を風習としてもっていたのである。

これに対して北九州では輸入につぐ輸入、移民につぐ移民であった。各港ではイソギンチャクの触手のように、貪らんに大陸の文化を迎える。ここに上陸し、ここから内地へいく部族もあり、沖合に泊って取引をすませると直ちにさる船もある。混血も行なわれる。戦いもある。講和もある。漢へ使して金印や王名をうけ、巨利を独占した者もいる。交易や外交のために必要な文字の学問も始まり、学者もできる。北九州のこうした賑わいは、その背後地の豊富な産物、とくに米と絹が経済的裏づけとしてあったからである。とくにヤマト人は北九州に後世太宰府に発展するミヤケを設け、遠くヤマトから運びこんだ絹絲や絹布を豊富にたくわえていたのである。

当時の日本のような貨幣のない国と物々交換をすれば、相手は当然巨利を博する。例えば王莽《おうもう》没落後、中国では使用不能の貨幣「貨泉《かせん》」がヤマトで二例も発見されるのは、この「貨泉」で物が買える国が日本以外にはまずなかったからである。

ヤマト人のおさめる地方が、米に富み、絹を産して裕福であることをつたえきき、内地ふかく憧れてくる外人も多かったに違いない。歴史にあらわれないが、よほど盛んな海外交通がなければ、現在発見される多くの中国産宝物が日本へきたはずがない。また逆に、彼らがつぎつぎともたらした世界文化の流れが、ヤマト人の文化意欲を刺激せずにはおかなかったであろう。この点ではヤマト人も北九州人も同様な関心と情熱にもえていた。各地に冒険的渡航者があらわれ、潜々にはかくれた文化交流の結果が発生した。文字、書籍、易理《えきり》神仙《しんせん》、仙薬祈禱《せんやくきとう》など（仏教以前の）中国文化や工芸技術がはいり、青銅の鋳型、鉄の鍛造《たんぞう》、陶つくり、玉作り、鞍作り、笠縫いなどの専門家が養成されだした。これが弥生時代の形勢であった。そして、絹織物もまたいちじるしく発展していくのであった。

三　竜宮の錦

シマ物

工芸品をみせると日本人は、よく「これは日本製ですか」という質問をする。その問いの裏の響きにいろいろと変遷があった。

第一期は「日本のような島国にこんな立派な物ができるはずがないと思うのですがどうでしょうか」という、いわば外国崇拝のコンプレックスに立ったひびきで、明治以来、大正・昭和初期とつづいた舶来万能思想である。

第二期は敗戦前までで、「こんな立派な工芸品はもちろんわが国のような立派な文化国民の手で作られたものなんでしょう」というひびきで、国粋狂信時代である。

第三期は自信喪失の敗戦時代で、「こんな立派なものがまだ日本に残っていたのですか」という悲しい安堵《あんど》のひびきであった。

第四期すなわち最近になると、「外人も驚いている日本文化の一例ですね」というひびきになってきている。

ところが愉快なのは足利―桃山の日本人たちの思想である。今泉雄作翁にそれを語っていただくと「ソノムカシ日本人ハ大変ナ自信ヲ持ッテイテ、コノチッポケナ日本ガ大陸デカラ（唐）以外ノ国々ハ皆小サナ島ダト思ッテイタンダネ。ソレデ茶入デアレ、香合デアレ、裂デアレ、海ヲ渡ッテ来タ物スベテヲ嶋物《しまもの》ト呼ンダノサ」というお話になる。

元和―慶長の文化には、はげしい国内戦をいきぬいてきた武人のみのもつ大胆不敵な味わいがある。その相手となった堺、博多の町人もこれまた海賊の元締めのような度胸のすわった連中で、「これゃあなんだ」、「しまものです」で万事片付けてしまったに違いない。

織物でシマというのはおおよそ南洋原産の織物で、技術的にいえば、染め色の異なった経糸《たて》を並列的にならべておいて緯糸《よこ》をアゼ真田等の組織で織ってゆくのだが、経色の美をハッキリだすためには二重の経糸を用いる。それが縒《よ》りの強い太い糸だと、綴地を横に見たような効果を形成する。これが名物裂《めいぶつぎれ》の間道《かんとう》地なのである。

さて「縞」という文字は中国では「白生地の上等物」という字義で、日本のシマではない。文字からいえば中国の「絣」の字の方が技法的には近いのであるが、日本ではこの絣の字はカスリにとられてしまっているので、染糸をひきならべたシマ織に、その生地の風味から「縞」の字があてられたものか、縞をシマと読んでいる。

このシマ物は西洋でも十四、五世紀になって流行してくる。つまりヴェニス海軍が直接印度や南

シニヨレリ筆〝反キリスト者の群〟（部分）

シマのズボンをはいた男を描いているのが注意される。このシマ物は，西洋でも14世紀になって流行してくる。すなわちヴェニス海軍が直接印度や南洋へきた時分からであってイタリア，ルカ・シニヨレリ等の好画題となった。われわれが縞をいきな物と考えるように，外人も南海の縞を愛したのである。（本文参照）

洋へきた時分からであって、イタリアのルカ・シニヨレリ等の文芸復興期画家の好画題となってのこっている。われわれが縞をいきな物と考えるように、外人も南海の縞を愛したのである。ただ欧米の縞は太くあらいが、日本にのこっているのはなかなかに微妙な細かいものが多い。ところでそのなかでも複雑幽麗なのは間道である。このシマの上等物を間道とよんでいるのは何故であろうか。

間道は本来カントウの当字《あてじ》で、そのほかに漢島、漢東、漢渡、広東、広道、閑道、閑島、邯鄲等と色々なアテ字がある。「どれが古い」などと詮索《せんさく》する人もあるが、おそらく全部がアテ字なのだから、これは決定しない方が正しい。われわれが用いる間道の字は今泉翁の選択で、間は「まじる」、道は「筋」という字義に通じるので、新村先生にも採用されている。これらはすべてカントンの音を取ったものであり、それは南支の貿易港、広東市をさしている。シマ物の集散地が広東であることは、その原産地が広東より南方であったためである。そして日本人はこのシマ物を最初は広東の産物と考えていたのであろう。

元来染織の世界で、中世以後近代までに、技術が一番変化し進歩したのは染料であって、昔は色染めがことごとく自然物に依存していたから「赤一色」でもひじょうにえがたい物であった。したがって数色の植物染めの染壺をそろえることは、インドや南洋でなければできないぜいたくなのであるから、昔はシマ物は熱帯の特産であった。

名物間道

加賀前田家につたわる名物裂は、いわゆる「古渡り」が多く、優秀な物ばかりであるが、なかでも船越間道や弥左衛門間道の幅（ばは）なり反物は天下稀有《けう》の逸品である。この手の間道は、たとえ小さな断片を発見しても、茶人が「本歌だ！」といって讃嘆する貴重品なのだ。今泉翁、正木翁および父の一行が加賀の前田家をたずね、これらの名物裂が織幅のまま出現したのを見たときには、一

鎌倉間道

源実朝（鎌倉）関係輸入のシマモノ。

行が欣喜雀躍《きんきじやくやく》、よろこんだのも無理はない。この裂を拝見すると、同じ一枚の反物のなかにいろんな縞が変化してつづいている。これが「異縞同名」の断片があるゆえんで、すなわち一反の織物から茶入の袋を切り出す時、場所が違うと同じ名称ながら縞の違った袋ができるのである。南洋ではその一反の織物を腰にまき、胸にまき、肩にかけるのであるから、その柄の出具合を考えていろいろと縞を工夫して織り上げた物である。この点からしても間道は、本来サルーン裂であったという

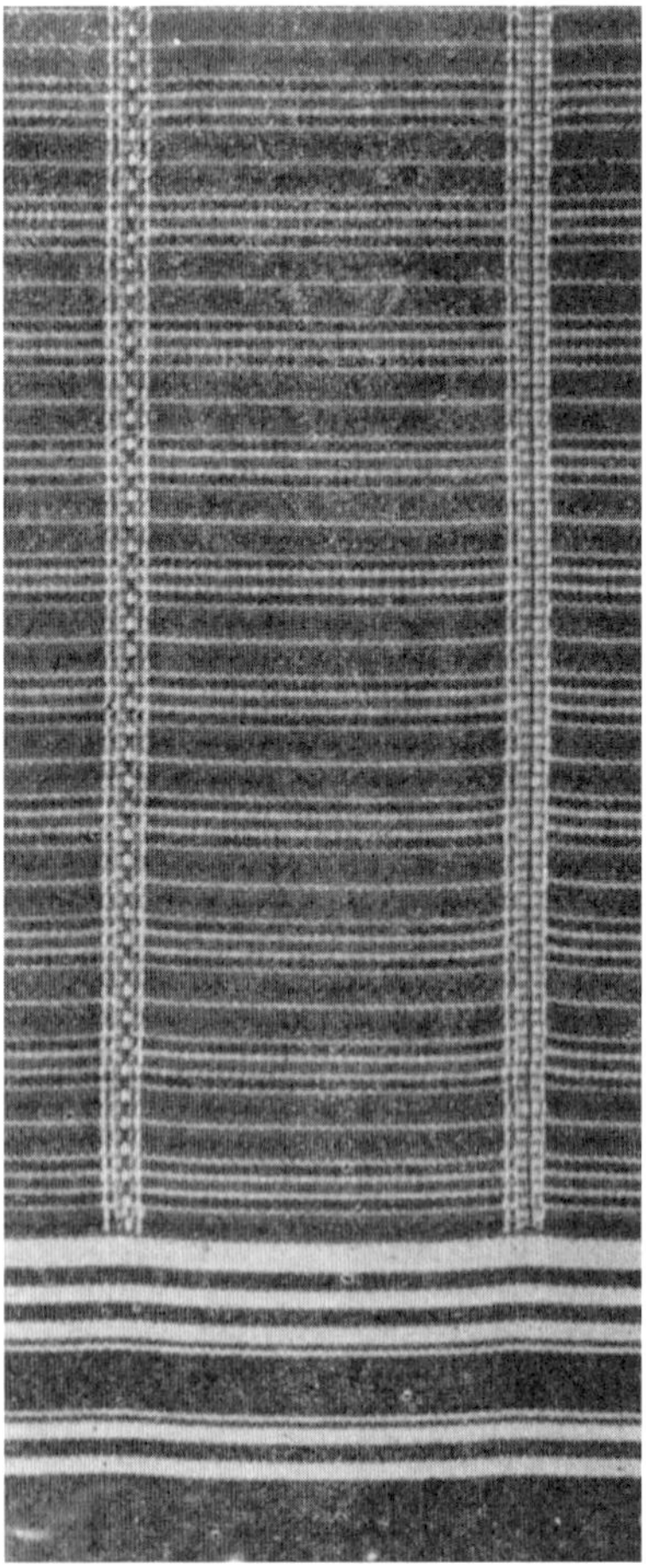
弥左衛門間道
これは博多系統輸入のシマモノ。

特徴を十分にそなえている。

すなわち名物間道こそは博多海軍の船頭たちが、広東をこえさらに南方まで、危険な海路を往来していた証拠なのである。そこには往年のわが海国男子の烈々たる意気がこもっているといえる。

この想華《そうか》は、聖僧フランチェスコ・ザビエルやイグナチオ・ロヨラ等を魅了したジャパングの武士姿で、さらに古く明の大敵であった倭寇《わこう》の荒武者姿を思い起させる。……八幡大菩薩の大旗をおしたて、矢盾にかこわれ、鉄板をうちつけた千石船を中心に、数十艘の伝馬船が突然沖にあらわれる。たちまちその船から裸形に日本刀をぶちこんだ海賊どもが、神出鬼没、中国の浜辺を襲う。中国の武装兵が応戦に出動するとすぐ海中にもぐってその船底に穴をあける。重い甲冑の中国軍士が沖で溺れかけるころには蝗《いなご》のような倭寇の群は、一面に上陸し、村落の掠奪をはじめる。早鐘は鳴りひびき、火箭《かせん》（火をつけている矢）は城郭都市を焼き、人々は逃げまどう。そんなものすごい連中が、平和な顔をして南洋の島々に交易していたのである。

西暦一五一六年、シャム国バタネの港で、ポルトガル船長が出会ったレケア（琉球）の使船寿字号《つかいぶねじゆじごう》は、表面は琉球中山王の友好使節であったが、その人々は頭巾のない法衣（カミシモのこと？）を着、トルコの偃月刀《えんげつとう》（なぎなた）のやや細身の長刀（日本刀）と小刀の二本をたばさみ、絹糸、絹布、青

倭寇の当時をしのぶ日本一琉球船

磁、明礬《みようばん》、和紙、銅、砂金等をもって、香料、蘇《そ》木(染料?)、象牙、木綿等と交易していたという。彼らはじつは日本人であったのである。

琉球側の文献では、その国に移住してきた久米村の者どもの請願を受けて、南方航路の割り印をあたえ、シャムに派遣したのが寿字号であり、かつその副使の馬山魯《ばさんろ》の馬姓は琉球久米村の出身であり、山魯は三郎であって、おそらく馬の三郎ではないかと学者は考証している。

日本側からみると、琉球中山王の協力者は日向、薩摩、大隅の守護島津氏であり、その島津氏は惟宗氏、すなわち帰化人秦氏の一門であった。いわば源氏と秦氏の血の合流が島津氏を生んだのである。かくて久米氏も、島津氏も、琉球王族も、秦氏も、彼らの間ではおたがいに親しみあえる間柄であったに違いない。すなわち彼らはみな、古くから日本南海に活躍をつづけている海人族の末裔ではないかと考えられる。その海人族は、神武天皇の東征海軍の主力であった「みづみづし久米《くめ》の子等」であることをあわせ考えると、古代は案外南方に向ってひろびろと解放されていて島とびに自由な文化交流があったと推論される。そこには海と陸とがあるだけで、国境も税関も沿岸防衛隊もなかったのである。

文化交流のみち

私はこの平和な南方文化交流路を、太平洋海流文化航路と考えている。これに属する港は、北から仙台、水戸、江戸、鎌倉、伊豆、駿河、伊勢、熊野、和歌山、徳島、土佐、日向、薩摩、琉球等であって、その勢力の中心が堺市であった。これにたいして日本海流文化航路がある。それは北から新潟、富山、七尾、金沢、福井、若狭、与謝半島、鳥取、米子、出雲、山口、門司、博多、長崎、五島をつらね、壱岐、対島を前哨基地とし、大内、大伴の武力を中心に、佐伯、松浦等の水軍を左右にしたがえ、太宰府が中枢機関となった一大勢力で、いわば日本の表玄関であり、正式外交通商路である。ここから仏教伝来や、その他のあらゆる文化が渡来したのであるが、この方は国境税関沿岸防備の整った狭い門であった。平和で中央の力が整っている時はいいのだが、一旦乱世になると佐伯、松浦の武力はすぐ海賊化して南鮮に上陸し、米をもってき、農奴をつれてくる。九州に米飢饉でもおこると朝鮮全土はもちろん、北支、中支まで暴れ廻って、向うでは手のつけられない存在となる。とくに元寇以来は報復的な信念が生じ、血生臭い有様がつづいた。もっともこの中心地区は神代からスサノオノ命《みこと》の国であって、南鮮、九州北部、中国西部および山陰は一つの勢力範囲であったろう。その影響がのこって三韓となり、日本任那《みまな》府となり、それを挽回しようとする戦いがくりかえされた。葛城の、ソツヒコ将軍等が、朝鮮からいろんな工人をつれかえって、工芸技術を興隆させるのも、この事情の継続であって、織物でいえばコマニシキ（北鮮系）、カラニシキ（南鮮系）、カムハタ（大和系）等、南鮮・北鮮・大和の諸文化がまったく雑居的に日本に存在していた。

　聖徳太子以来日本が防勢にたつと、九州の防人《さきもり》が国家のもっとも重要な前線となり、太宰府が中心になって諸国の水軍があつめられた。佐伯《さえき》氏は外人管理係であり、大伴氏はもっとも精鋭な陸軍部隊であった。しかしその人種構成は意外に解放的で、あまり排他的とは考えられない。ことに工芸は、必要がおこるとすぐ朝鮮等から物資、工場、工人ども、根こそぎつれてきて製造をはじめる習慣があったらしい。萩の高麗左衛門とか伊万里の柿右衛門が名物で、間道の後裔である博多織（船頭弥左衛門の創始）等はその例である。また南京染付の祥瑞《しょんずい》五郎太夫は、日本人の注文主が南京にいたのかもしれないし、伯庵《はくあん》や朝鮮唐津等という陶器は、日本製か朝鮮できかなかなか定められないだろう。

千の利休の先祖とか、楽長次郎の系図を吟味する前に、われわれ自体、否、日本人全体が何者であるかをまず反省しておかねばなるまい。私には日本全体が、極東のコスモポリタンの集合体のように思えるのである。

したがってある文化遺産が、ある国（A）にあって、他国（B）で滅びさった時は、その国（A）の文化財になったと考えていいので、かならずしも製造した人種や、土地に拘泥しなくてもいいと思っている。

神話のなかの絹

神話をどう取扱うかということは学者にとって頭が痛いことらしい。明治人の学者は多く一笑に付して顧みない。「あれは迷信だ」と排斥していた西欧でも事情は同じで、シュリーマンがトロイアの古市を発掘するまでは神話は小説の一種であった。しかし現実に数千年前の文化が発掘され、現代もかなわぬ黄金細工の山がでてきてはだれも啞然《あぜん》としてしまった。エジプトも同様である。自由フランスの勇士等を率いてナポレオンがルクサーを訪れた時には、砂漠のあちこちにただ頭だけ

スメルの衣服

スメルはいまのイラク地方の古名。その住民は紀元前4000〜3000年代に高い文化に達していた。羊毛と麻の国であった。古代スメルの人は，ウル初期王朝時代から形式的に完成された衣服をもっていた。このアラバスター（雪花石膏）の小像は，紀元前 2100 年頃スメルの北方の町マルの役人エビー・イルの肖像である。その腰に巻いた織物は恐らく麻と羊毛で作られたものであろうと思われる。それはこの古代の写実的な彫刻によって推理されるように，麻を平織りに織りながら羊毛の束を織組んでいったものであろう。そうでなければ，このようなふさふさとした段織にはならない。

をだしていたカルナック寺院の柱頭が、いまでは世界一の最大巨石柱列であり、古代最大の大広間であったことがわかった。またピラミッドの側、見も知らぬ怪獣像（神話では、その質問にこたえられなかった人間を食ったと伝えている）――スフィンクスに向って、挑戦するように仏国の兵士たちが発砲したあのギゼーの巨像は、その前足が一町以上もながく前につき出ていて、その足の下に有名な「スフィンクス・テンプル」の名建築があろうとは、だれも知らなかった。

これらの発見以来、考古学は世界の流行となり、その進展によってあらゆる文化史が書き直されている現代では、神話は大変重要な古代文化の鍵となってしまった。

日本の島も、われわれの子供のときには、火山爆発でできたごく新しい島のように聞かされていたのが、最近になって一部は大陸のつづきであり、マストドン象が人類とともに棲息していたことが立証されつつある。現在の日本人は「そのころの日本人の直系か否か」は依然、疑問があるにしても、全然血が混っていないともいいきれない。そこに「日本文化はどうなって発展し、日本人がいかに進化したか」という興味深い問題が展開する。そして神話と古伝説は面白い暗示と示唆をわれわれにあたえる。

考古人類学者は頭蓋骨のいろんな数字が、原日本人と現在のものと関連すると考えたらしい。しかし神話の方では天孫降臨の伝説は、すなわち渡来してきたことを子孫に伝えたかったのである。その神々は最初から頸に曲玉、腰に鉄剣を帯び、髪はみずらに結い、着物をきていられるから、まず紀元前後の文化人である。

日本の神話には虎も獅子も現われない。その代りに鰐がでてきて全般的に海洋民族的要素が豊富だといえる。

これをニュース的に取扱うと、「イザナギ、イザナミの両神によって発見された日本列島は、農耕に適することが確認され、天照大神によって、殖民決定が下され、大挙高天原《たかまがはら》を出発し、航海ののち、日向の高千穂の峯一帯を占拠した。」しかるに、他方スサノオノ命一派が南鮮から九州北部、山陰にかけて強国を形成していた。天照系はこれと接触したが、幸いにもこの両民族はお互いに同系であることを確認し、交渉は平和裡に進展したのである。しかしながら両種族の生活方法には大きな差異があった。すなわち、天照系の文化は農耕機織の民であるのにたいし、スサノオ系は狩猟牧畜の民であった。この両者の闘争が天の岩戸事件で、スサノオは武力で牧畜のため、あらゆる農地破壊を敢行し、ついに天照大神の機織場に馬の血のついた皮をなげこむにいたって交渉決裂し、天照系は山中に立てこもった。しかし雨の多い日本列島では牧畜かならずしも成功せず、必然的に食糧難におちいって世は暗黒となり、ついに諸首長合議の結果スサノオ（恐らく獣類をつなぐ緒のいみか）のみことは排斥され、天照系の生活方法が日本列島のオーソドックスとなったのである。

このなかで注意すべきことは、米、繭《まゆ》等の高級な生産手段が保有され、銅鏡、曲玉、鉄剣等の工芸能力をそなえていたことで、これは当然この民族が当時の中国文化と接触してきたことを示している。

現在中国の最古の文化は、殷帝国時代にまでさかのぼって明らかになった。約三五〇〇年前である。そのころの銅器は周の銅器より彫刻がすぐれ、形態が自由である。玉も石が良質であり、形容雄大である。その鐘には、ド・レ・ミ・ファ・ラ・シ・ドの音がそなわり、文字は、亀甲文字が数千以上具備している。

大理石の石段をもつ宮殿跡も発見され、首都の規模も解明されつつある。まことに堂々たるもの

ラムセス2世王妃
ネフエル・タリイーの墓寺の壁画

エジプト第19王朝ラムセス2世（B.C. 1295〜1225）は，テーヴスに有名なラムセウムの遺蹟を残した英雄王であるが，王妃ネフエル・タリイーの墓寺は，壁画が美しく残っているので有名である。この図の画題は，王妃が大空の女神ヘト・ヘルーに導かれるところである。先導する女神の総身を包むのは，有名なツータン・カーメノンの手袋と同じ程度の綴れ織で，胸から下部の神体をピッチリと包む。王妃の衣服は純白のエジプト麻で，美しくヒダをよせた両袖と，ゆるやかに全身を包む衣裳とからなっている。肌も透けんばかりの薄さである。細腰をめぐる羊毛製と思われる赤褐色の帯，黄金の冠，黄金の頸環，これらはみな清純で豪華な古代エジプトの衣裳美を示す。

だ。そのころ、絹織物はすでに存在し、糸・巾・染・蚕等の字があり、蚕そのものの化石もでてきた。当時絹織物は殷帝国の大産業であったのである。それから千数百年後の天照系民族が、絹織物を知っていたとしても不思議はない。

日本神話では保食の神または月読の神が人類に産業を与えるいわゆる授産神で、日本人は、その神（祖先）が自分の身を犠牲にして子孫にいろんな産業をのこし与えたと考えていた。米も麦も、蚕も、ウケモチの大神の身体から生じた資材なのである。ことに繭は神の眉から採取され、それを天照大神みずから口中にふくみ絲をひきだして、絹をとられたという。すなわち大和民族は太古から絹を知っていたという主張である。また伊勢神宮には機が重要な御神宝の一つとしてつたわり、この神話を裏づけている。さらに近年登呂遺跡では、大きな田下駄とともに織機の一部が出土して、数千年前、天地根源造りに住む原日本人がすでに農耕機織の民であったことが立証された。日本人と織物との関係もじつに古いものである。

大和民族と日本列島

大阪府と奈良県の境にそびえる二上山遺跡の発掘は現在進行しつつある発掘のもっとも注目すべ

きもので、それがもし日本の中石器、あるいは旧石器におよびうるならば、大和民族と称するわれわれの祖先の性格はよほど明らかになるだろう。なぜならば、古代人にとって燧石《ひうちいし》はもっとも重要な素材で、それを得るためには非常に遠距離であっても、相当な危険をおかしてでも採取にいったであろうし、また燧石の産地は自然に強力な武力をもつから、そこに大和民族が富力と武力と権力とをもつチャンスがあると思われる。古くは摂津、河内、和泉はまだ陸ができていないから、淡路島を中心として四国、二上山、生駒山、明石附近等が、島嶼《とうしょ》王国を形成していたかもしれない。もしイザナギ、イザナミ二神が、淡路島にいたという記録が正しいならば、二上山の遺跡となんらかの関連があるだろう。私にはナギもナミも内海的な言語にきこえる。また二上山は二人のカミの姿とかよう。

以上の仮説をおしすすめると、大和民族と日本列島の関係は、イザナギ、イザナミの第一次移住について、中国文化と接触した第二次移住団をひきいたものが天照、月読時代の建国で、この一対の神は太陽神、月神で陽と陰、日光と暦（ツキヨミ）というようにすでに古代東洋自然科学を十分にうけいれた文化である。その後、第三次移住がニニギノミコトの下に行なわれて、瀬戸内海全般に国づくりが成功していった。第四次移住は神武天皇の御東征という形で行なわれるのであるが、これはおそらく全内海国の政治的、武力的統一であっただろう。以上四回の大和民族の上陸に対しては、日本列島には『魏志倭人伝』のいうように多数の異民族が連立していた。土蜘蛛（穴居民族）、熊襲（狩猟民族）・エゾ（漁撈民族？）および同種族異系のスサノオ系諸国家が、広く長い国のあちらこちらに村落国家とでもいうべき小独立国として群立していたであろう。ことに畿内の統一と山陰の征服は非常な強国があって難事であったと思われる。正史には現われないが清荒神や、伊奈川の古戦場等がしめす古代闘争のあと、所々にのこる不明祭神の内にはこの原住民の歴史がひそんでいるのだろう。

日本の海人族

また例の海幸、山幸の神話に、山幸がつり針を探して竜宮（琉球？）へゆく一段がある。竜宮の王が大饗宴を開いて山幸を大いにもてなすその時に、「錦の褥《しとね》」にはじめて「大和民族の祖先」が座している。そして、竜宮の王女をめとり、その援助をえて山幸はふたたび日本列島に帰ってきて海幸を屈服せしめるのであるが、ここに興味深いのは「錦」の存在である。この時幻想的に書かれる竜宮の存在は、フィクションだといえばそれまでだが、堯の時「海人織錦以献」といい、詩経国風の大東小東に「錦をおっている」また「冰蚕《ひょうさん》（白い繭）は東海に産する」ともいう。すなわち大陸より見て中央東方こそ絹の原産地であり織物文化の発祥地であって、その海中にすむ海人族はもっとも古い錦の生産者だったと考えられる。それではその海人とははたして何者なのであろうか。

海洋はひろびろとして無限の謎を吸いこんでいる。禹《ウ》の時、錦を献《けん》じたという海人。戦国に忽然《こつぜん》と出現する異民族国家。呉と越の由来。天孫族のよき協力者であった「みづみづし久米の子ら」。さらにまた新羅建国をたすける海人たち、彼らの史跡は史書のかげにかくれて現われないが、海流にのって鯨を追い、カツオやマグロを追い、サケやマスを追うて、アジアの東岸を南北に漁撈する人々は、かならず存在していた。

海洋民族の文化は、たとえば地中海文明が古代欧州文化の母胎であったように、またインカ、ペルーの文化が古代オーシャニヤ文化と深い関連があることが立証されつつあるように、つねに陸の人々に新鮮な革新をもたらす。古代極東文化にとっても、この海人のはたらきが強く作用している。日本神話の「海幸山幸」、「浦島物語」等々、海の彼方への強いあこがれが人々の好奇心と欲望をそそりつづけ、それが文化交流を生んだのである。

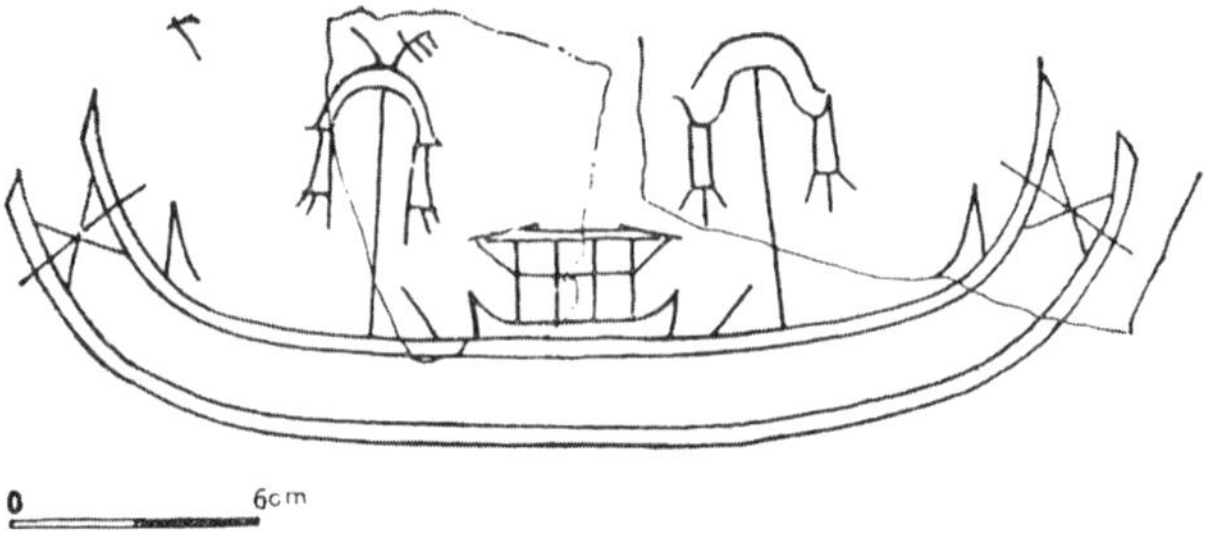

唐古の巨船図（奈良県磯城郡川東村唐古出土）

「新」（A. D. 14）の王莽貨幣「貨泉」が弥生式土器とともに出土する（京都・久美浜町，大阪・瓜破村など）。その頃，中国と日本は交易していた。その船の図である。中国と同じ形式の巨船である。中央に御殿風の船室をもつ，本檣の帆船で，前進後進の自由な渡洋船の旗艦なのであろう。銅鉾，銅鐸，金工，馬具，そして宝剣，宝鏡をこれらの船は運んできて，古代日本人を驚嘆させたことであろう。

天孫族の故地「高天原はいずこか?」知る由もないが、崇神天皇の御代に武《たけ》日《ひ》照《てる》命が御神宝（宝剣宝鏡等）を奉じて出雲へきている。だから当時まで、海外に実在していたのである。

現在発掘により、北九州、瀬戸内海西部、山陰にかけた銅鉾《ほこ》を出す「ヒロサキ銅鉾」地帯。瀬戸内海東部から伊勢、知多にわたる「銅鏡」を出す地帯。この両者についで「三種の神器」系（すなわちニニギノミコトを中心とする第三次進入）がある。この新興勢力は日向高千穂一帯に軍勢をととのえ、ついに神武天皇はまず北九州、倭《わ》の奴《な》の国をおさえ、ついで瀬戸内海西半の、キビの国をとり、ヒロサキ銅鉾文化の要点を征服し、瀬戸内海を東に航し、南転して、キの国へ入り、畿内、伊勢の銅鏡系を味方にして、畿内の先人を圧倒した。この時の陸軍は

コプト織鶉図

この鶉はコプティックのグレコ・ローマン期の特徴をそなえている。おなじくコプティック織物であるが，非常に力強い端的な表現力があって，エジプト本来の強烈な迫力を内包している。草木の表現，鶉の羽毛表現，顔面，眼光の力なども，初期物のよさに溢れている。しかしこれは，ナイル河流住人の性格が現われていて，次図の海豚の海洋的な性格と異なる。

大伴、その指揮下の海軍主力は久米《くめ》であった。天皇から「みづみづし久米の子ら」と呼びかけられた彼らは陸戦隊的先鋒として大和から高天原まで航海をつかさどった部族であって、古代「海人」と深い関連をもち、かつ極東文化交流の謎をとくキーポイントなのである。

中国古代自然科学は殷帝国に始まり、周の文王によって、周朝文化へ飜訳された易経を

コプト織海豚図

洋の東西古今を問わずイルカは海洋民族のペットである。ギリシア神話では，美の女神ヴィナスの乗る海の車をひく愛嬌者で，ギリシア・ローマの好画題を形成している。これはコプティック織物に分類されているが，下絵の画法は著しくクレタ絵画またはエトルクス絵画に近い。麻布に羊毛で綴れ風にかがり縫いをしたもので，すそ飾りをして非常にクレタ的である。正確にいえばこれは地中海文化の産物というべきである。動きのある曲線，リズミカルな描写力は，自然主義へ展開するギリシア文明のすぐれた特色にみちている。

もって、代表される。易経の後をついだ陰陽五行説は、方術（方族の呪術）と錯綜《さくそう》しあって、秦漢に盛んになる。この文化要素が、仏教渡来以前に日本に渡来している。そして日本神道の思想や、儀式、祈禱等に根深く混入している。例えば三国志にのこる、諸葛孔明が天に雨を祈る祭壇形式をそのまま簡略化したものが、神道の祈禱形式といえる。これらの古代文化交流は、文献資料こそないが、明瞭な易経系の伝承である。漢時代は、日本自身が建設中であって、国家の協力者、または構成要素と考えられる異民族の文化は抵抗

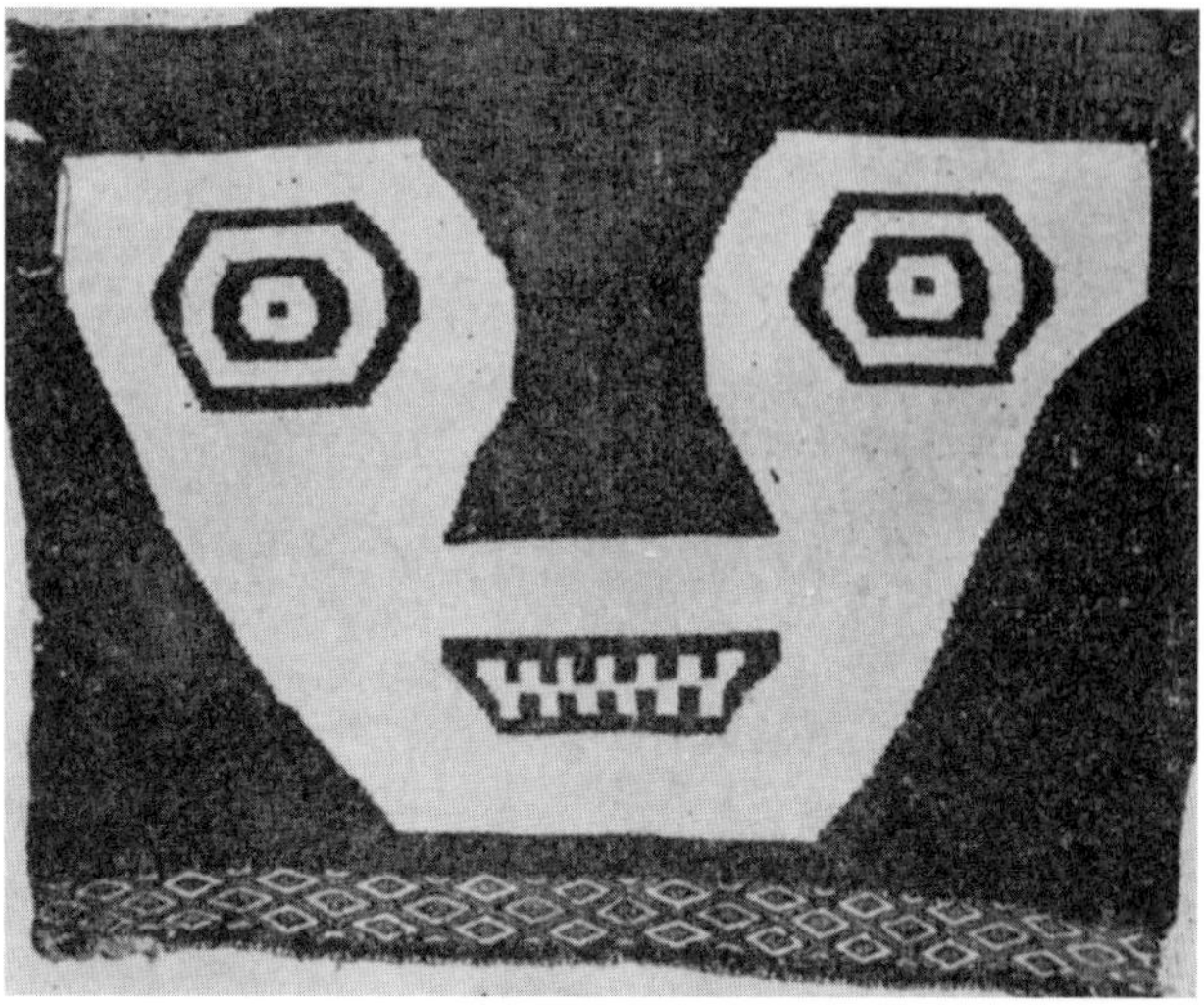

三　重　の　瞳

黒の地に白で織り出されたこの一断錦がもつ造形美の意味は大きい。(時代不詳)
三重の瞳，六角の環が形成する眼の一点一点が，ピカソのデッサンのような簡略化された強さをもっている。白と黒の直角構成による歯，鼻の曲線と頬の曲線の相関関係，それを切る上下の直線の長さなど，すべてが明敏な近代造形芸術家と同じ素質をもっている。
インカ芸術は瞳に生命と魔力をこめた芸術であるが，これはその美の極点に達したもの。

なく、新しい国家にとり入れられていったのである。和歌山を上陸地点として大和に向う地方は、久米氏の故地であって、ここに久米仙人、役《えん》の行者、ついで弘法大師（真言秘密の法）と受けついでゆかれた。ある古い自然科学の道があるようだ。

この道をとおって、あるいは南洋、あるいはインドと、広範囲の古代南北交通がある。その北端が日本へもとどいていることは、まずまちが

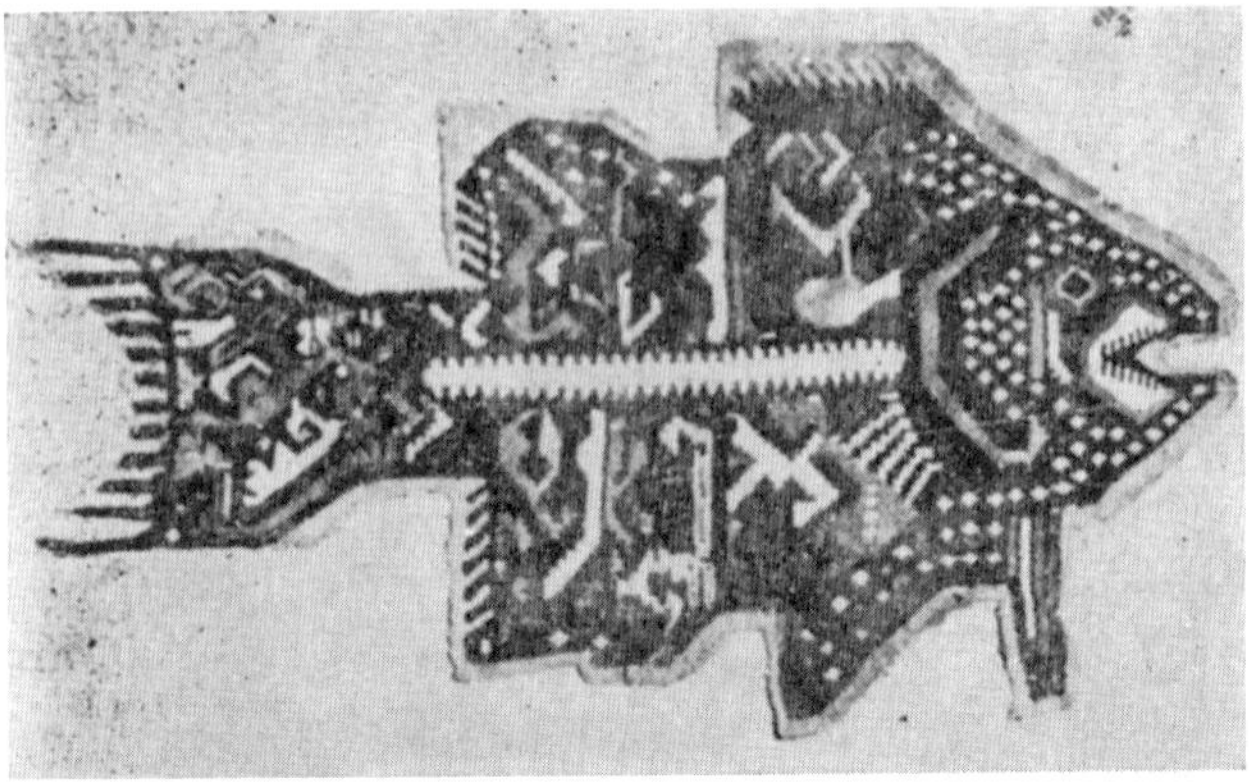

巨　魚　の　図（A. D. 1000）

鱒か鮭かとおもわれるパチャカマックの巨魚の造形である。そのエラ，頭部の鱗，眼，歯などが，いずれも近代的な造形美をもっている。胴の部分や尾ヒレの部分に形どってある文様については，学者は，この魚が魔法の魚で，インカの絵文字が織り組まれているのではないかと推測推理している。（ミュンヘン民俗学博物館所蔵）

いがない。

海人の錦

以上の海人、久米氏等による古代太平洋交通路を仮定して、「にしき」の問題を検討してみると、まず染の技法からつぎの事実が知られる。

古代では「赤色染」はなかなかえがたいものであった。それは植物染料で「赤色染」の資材は蘇芳《すおう》、茜《あかね》等であるが、いずれも熱帯産で、輸入ルートがなければ入手できないものである。ところが日本は古来「赤染」が得意で、紅白の練絹《ねりぎぬ》は国の誇りである。また数世紀にわたり、染料として「蘇芳《すおう》」を北支や朝鮮へ売っている。このことは、日本には古くから南方航路が

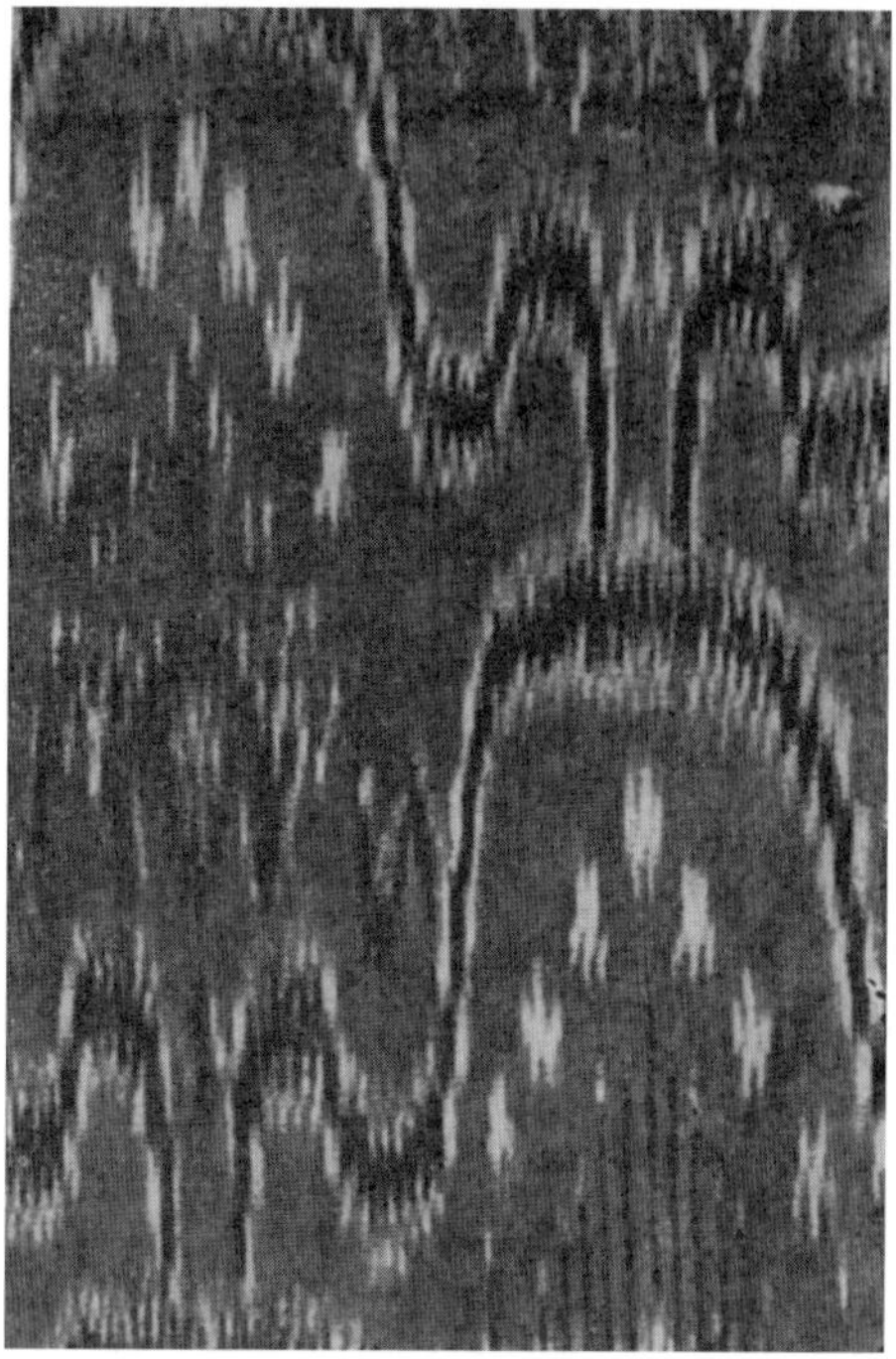

七曜太子

印度に絹織物がはいったのは，紀元前5世紀以前である。その頃からパンジャブ地方，ベナレス地方などが中心であったろう。そこには豊富な染料と気の長い，腕のよい工人が多くて，くくり染めのような手間のかかる織物を織るのに適していた。そのために，おのずから中国の文明と違った文明を形成していた。これは正倉院に伝わる8世紀（以前）の経錦（たて糸中心の錦）であるが，赤地に白の七ツ星を持ち，曲線のゆれ方もインド舞踊的なリズムに満ち，すぐれた近代抽象といえるであろう。これら一連の太子間道は，古いインドとの文化交流を物語っているように思う。

あったことを裏書きしている。

元来、太平洋諸島では漁夫は好んで赤を用いる。赤は彼らにとって魔除《まよ》けの神聖な色である。その系統をひくのか、日本でも明治時代まで漁夫は赤褌《ふんどし》をしめ、これを鱶《ふか》除けの護符と信じていた。この風習は「神功皇后が宣撫《ぶ》工作に赤褌を、新付《しんぷ》の民に与えている」という日本書紀の記録からみて、じつに古いものである。

ところが、「にしき」という言葉の語源は「青丹《あおに》よし」の「丹《に》」と「敷《しき》」、すなわちしき物または「つくられた平面体」との総合観念であり、したがって「赤地」の「紋織物」という意味だという説がある。この説にしたがって山幸の竜宮訪問を解釈してみると、海路の中継地として琉球が浮かびあがってくる。後世の倭寇の基地であり、鎌倉時代に印度に達した琉球船寿字号の基地が琉球である。そしてまた、その出港をすすめた倭人が久米姓であった。竜宮が琉球でありと想定すれば、その地こそ文化交流の扇のカナメにあたり、ここで美術織物が、日本人の知見にふれ、やがて、日本にもたらされた、と考えられる。伊勢の神宮には、古来神機の形式がつたえられて現存するが、それは西陣等で現在綴錦《つづれ》を織っている機《はた》と同じ物である。したがって、竜宮の古代錦も、この形式にちかい機で、昔から手間と時間をかけて、錦を織り上げていたといえよう。

四　邪馬台国にきた錦

いまや邪馬台国《やまたいこく》、そして女王卑弥呼のことは、日本古代史学者だけでなく、アマチュア歴史愛好者のあいだで大変な関心のもたれかたである。邪馬台国の位置については諸説あって、まだ決定的なことはわかっていない。しかし、錦のほうから、邪馬台国と、卑弥呼《ひみこ》のことを追求してみよう。

倭と卑弥呼

『魏志倭人伝《ぎしわじんでん》』によると、邪馬台国の女王卑弥呼は、①西暦二三九（景初三）年②二四〇（正始元）年③二四三（正始四）年④二四五（正始六）年⑤二四七（正始八）年の五回にわたり魏（主として帯方郡）と使節を交換、修交し、二四八（正始九）年に死し、その長女壱与が位をついだという。

卑弥呼の音韻についてはヒメコ、ヒミコの二説があり、姫子、日御子などに解されている。西暦二六五（秦始元）年魏は亡び、晋の武帝が立ち、⑥二六六（秦始二）年倭女王の使者が晋に朝貢している。そしてその後、一三才の女王壱与の運命は不明である。この記事がもし「二代の女王」を意味するならば、日本の皇統にはその例がない。ヒミコを神功皇后に比定する説は、現在では「年代的に問題にならない」とされているが、それにしても「魏と修交した日本側の勢力中心はどこにあったか」、それが日本上代史の大問題となり、大和説に内藤湖南博士、九州説に白鳥庫吉博士という碩《せき》学によって説かれ、以後諸学者の研究が山のようにあって、しかもまだ決定にいたらない。この論争はおのずから考古学と史学との関連が重要問題となり、現在におよんでいる。

考古学の方で三世紀の文明圏をもとめてみると「畿内が中心と考えられる」とする梅原説にたいし、最近では「北九州もそれに劣らない」とする現地北九州考古学者の研究が抬頭している。現に九州にはカメ棺、支石墓、箱式石棺、神籠石《こうごいし》のような特殊埋葬形式があり、大和武士団の進出とは別に文化が展開していたように思われる。大和武士団の九州進出以前に、北九州には秦以来、古い大陸との文化交流が存在した（スサノオ系、および高木神系）。その次の時代には多種の民族移住が行なわれ、小都市国家群立の形勢となり、支石墓や鏡、土器などからみて、朝鮮南方を含んだ一つの混成文化圏が成立したように思える。

「桓霊の間倭国大いに乱る」というのは二世紀後半のことで、その戦乱が邪馬台国のヒミコの宗教による統一となる。とりわけこの宗教に関しては、獣骨をやいて占いをする中国古代宗教と関連がある。また現在獣骨をやいた遺物がでてきた。「倭は夏の太伯の後だ」とする魏略逸文も、みのがしえない所伝である。さらにさかのぼれば倭の国は①紀元前一一〇（元封元）年前漢武帝に、②西暦二九（建武五）年後漢光武帝に、③五七（中元二）年同光武帝に、④一〇七（永初元）年安帝に朝

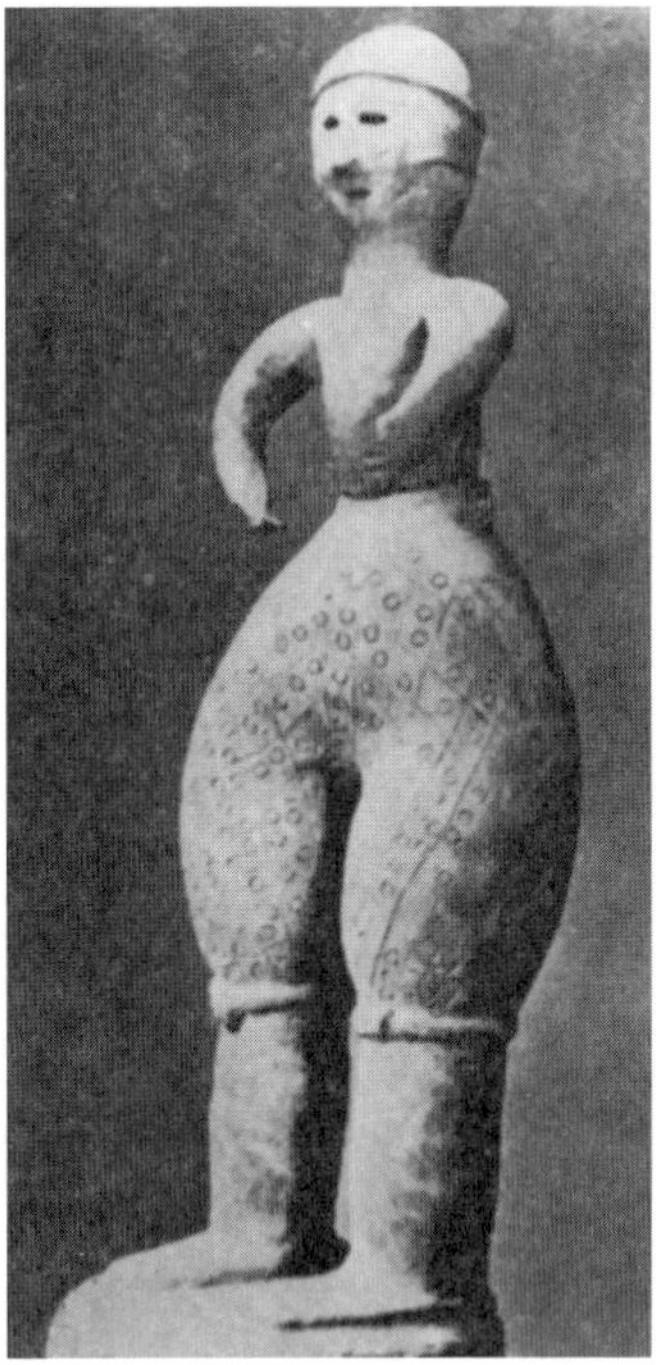

袴をつけた男

岡山県熊山町円光寺で出土。この男のはいている袴は，その柔らかさから織物と推定される。その袴には素朴ながら，斜に交叉する直線で菱を形成し，その菱の中に円が，自由に押し出されている。何か円形の筒形のもので押したので，円はどれも同じ原形をもち，位置は気まぐれである。しかしこの土偶的意匠は，恐らく当時の織物または染物から着想を得たものと考えられるから，その点興味深い染織史資料となる。

貢している。これら古い朝貢を通じて、中国は倭国を認識していた。ところがこの漢代中国へあらわれる倭人の方には、どうもインチキくさい者もいる。中元二年にきた男は自分で「大夫だ」といって、光武帝から金印をもらって帰えるが、そのころ「大夫」などという官が日本にあったのだろうか。そのつぎに安帝の時には一六〇人も奴隷を献上している。これはどうも海賊らしい所行ではないだろうか。それかあらぬか後漢の金印も、昔は島だったと思われる糟屋志賀町から出土していて、大和朝へは献上されていない。この大夫と称する異国人、金印をやって尊大ぶる中国の帝王との関係、金印が不要なので砂浜へ埋めたインチキ国使者、これらの有様は、なにか未知の国民間の物々交換をいっているようでもあり、また素朴な古代交易に中国流の尊大な尾ヒレをつけた説

腰をかける男（伝茨城出土）

日本民族の正三角形は，ここでは円錐形となってあらわれる。彼は腰に剣をはき，髪をみずらに結い，顔に三角に朱の粧いをこらしている。ここにも正三角形文様はあらわれ，人体描写の円筒基本形とよく複合して古代日本の特色を形成している。

農夫像（千葉・姫塚古墳出土）

彼は明らかに農夫である。髪はおみずらに結っている。バッチョ笠をかぶり，頸すじに玉をかけ，帯を尻手に結び，口を開き，片手を高らかに上げている。まず民謡を声も高らかに，手おどりを始めようとする情景であろう。
その衣はあらい線から成り立っていて，何か原始繊維の織物らしい。御所へ参って御祝儀を歌い上げる大和万才の農夫の姿をほうふつする。

話のようでもある。しかし半面、その倭人たちは金印の文字は読めたのであるし、「大夫」の官名も知っていた。また楽浪や帯方の漢人との交渉もできたのだから、程度の差こそあれ、漢文化には浴していた。しかしあのケンランたる楽浪文化の中にいた漢人からみれば、顔や身体にイレズミをしていたり、貫頭衣《かんとう》を着ていた原始的風態は自ら軽べつを買い、漢人からはそのイレズミを「あれは魚をとる時の厄除けなんだろう」位の善意ある解釈をしてもらっているほど、文化の程度に差があったのである。これらの勇敢で無鉄砲でガムシャラな倭人たちはまず倭寇の大先輩といった感じがする。

魏の贈り物

ところが、三世紀魏志の時代になるとすべてがかわってくる。帯方の太守劉夏の下にヒミコの大夫、難升米、市牛利の二名がきて、男四人、女六人の奴隷と斑布《はんぷ》二匹二丈をもってきた。そこで金印、紫綬《じゅ》（玉のしるし）を女王卑弥呼に、銀印、青綬を使者に与え、つぎの品々を与えている。

絳地交竜錦《こうじこうりゅうきん》　五匹
絳地縐粟罽《こうじすうぞくけい》　十張
蒨《せん》綘《ほう》　五十匹
紺《こん》青《じょう》　五十匹

その上に

紺地句文錦《こんじくもんきん》　三匹
細班華罽《さいはんかけい》　五張
白《しら》絹《ぎぬ》　五十匹

（以上織物）

その他

金　　金八両

五尺刀　　二口

銅鏡　　百枚

真珠　　五十斤

鉛《えん》丹《たん》　　五十斤

ここに絳地《こうじ》というのは、あかねで染めた赤地、交竜《こうりゅう》錦というのは、両竜が交叉している陰陽和合《いんようわごう》の竜《りゅう》の文様の錦である。次の絳地縐粟罽《こうじすうぞくけい》というのは、赤地の細いちぢみ織の無地であったろう。また紺地句文《こんじくもん》錦というのは、紺地に文字が幾個か文様として織りだされていたものであろう。細班華罽《さいはんかけい》というのは、天平にも見られる、細くたてにちりめん縞、ちぢみ縞の文様のでる染物であったろう。蒨絳《せんほう》というのは、あかね染の布か、染料は不明であるが、後に白絹《しらぎぬ》というのがあるから帛布《はくふ》かも知れない。紺青も同様である。そのほかに、金を八両目、五尺刀を二口《ふり》、真珠と鉛丹を五十斤さらに興味をそそるのは銅鏡百枚が倭国へ贈られたことである。この百面のなかには、おそらく秦鏡、漢鏡、正始元年鏡もふくまれていたのではあるまいか。この豪華な贈り物は邪馬台国の女王をさぞかし喜ばせたことであろう。

魏はさらに太守弓遵《きゅうじゅん》、校尉《こうじょう》梯儁《ていしゅん》をわざわざ倭国へおくり、前回と同様な立派な贈り物をした。倭の女王は大夫伊声耆、掖邪狗など八人を答礼使としてつかわし、それに生口、倭錦《わ》、絳青縑《こうせいけん》、緜衣《めんい》、

韓仁繡錦（紀元前100年以降）

「かんじんしゅうきん」という。大英博物館のスタイン博士が，天山のクシチャで発掘した漢の錦である。この錦は経錦（けいきん）といって経糸が三重に機構に用意してあり，その経色の中から織文の必要とする色を表面（織り表）にとり出す組織である。

錦の文献にあらわれるのは，まず詩である。すなわち殷周の間（B.C. 1000〜）に錦ができていた。それは経錦よりあやつりの関係が単純な緯錦であったに違いない。その緯錦が大量生産に移される場合に経錦が考えつかれた。したがって塞外で経錦が発見されたからといって，緯錦より古いなどという説は成立たない。経錦は元来，その織物自体が大量生産的なものである。正倉院の経錦に数倍する技術内容をもつ経錦が漢にあったことはその雄大な機構の力を現わしている，といえるだろう。

図柄は左に東方神，蒼竜，右に西方神，白虎が織り出され，その間に四種の神獣が見える漢代特有の雲形がこれをかこみ，その中に「韓仁繡文広子孫無極」の文字が見える。これらは漢鏡の図柄と一致する。経糸はいくつか必要な色な縞にわかれている二重の経色と，生地を一色に織成するために統一された赭赤色の一重とからなっているので，写真では縞立って見えている。この錦に蒼竜を始め各種の竜形の神獣がでてくる。邪馬台国におくられた隋の交竜錦の竜は恐らく，これに近い形体を示していたと思われる。

帛布、丹、木拊、短弓矢を贈り物として持たせてやった。なかに倭錦が見えるが、これは「日本でも錦はできます」という応答のように思われる。絳青縑は、一つの帛布名であるから、経と緯と色を異にした布、すなわち玉虫織のうすい絹織物(有職裂)ということになるが、あるいは絳縑と青縑を一つにいったものかもしれない。緜衣は問題があるので後述する。帛布は絹織物である。鉛丹は丹である。木拊と短弓矢とは、学者の間に読み方の異論があって学説未定である。ともあれこれらが日本の自慢の産物であったのであろう。

わからない木綿

『魏志倭人伝』の画く当時の日本風物描写はこの正始元年の使者の見聞をもととして綴られたと思われる節があって、その後も史家に信用されたものである。その内容に、日本では桑を植え、糸をとること、うすいシジラ、あるいはカトリ、アシギヌなどを産したことが記されている。そのなかに、男が「おみずら」に髪を結い、木緜《もめん》を頭にかけているとも記されている。ここにも緜が出てくる。木緜が、「ユフ―木棉」であれば、現在正倉院にのこる「ユフ」を考えていいのであるが、もし木綿であると、南方との密接な関係が問題になるだろう。頭にかけているというのは「ホオカムリ」または「ハチマキ」であれば「木棉」らしくて面白いのだが、不明というのほかはない。

倭人伝は、その文章の終りに「日本の産物風物が、広東省、海南島などのそれと同じだ」とつけくわえている。『後漢書』では「倭は、福建、広東の沖合にある」ように考えていたのであるから、木綿があっても不思議とは考えていなかったのだろう。中国の学者が「倭は閩《びん》（中国南部）に昔おこった国）の後裔だ」というのも、こうした考えからではなかろうか。

錦のゆくえ

この魏の太守が会った「千人の婢《ひ》を使役し、武人に囲まれ、人に顔を見せない権力者」のヒミコ、後に敵国に攻められてか、魏が黄幢《きのはた》（すなわち黄巾の賊がよく用いた魔術の旗）を送った神秘力の持主女王ヒミコが、日本の何時代のだれにあたるのか。それは、大和説と九州説とでは大変な違いになるのであるが、この人物は実在していたにちがいない。しかしながら、しょせん邪馬台国の事実は、遠くおぼろな幻のような存在である。

大和側では、景行天皇はその一二年に、筑紫の国に親征して熊襲《くまそ》をくだし、ついで日向、火の国にはいってその名をつけ、日向を立って大和へ帰ってきていられる。国名を新しく天皇が定められることは、それまでその地が、大和武士団の勢力圏外であったためであろう。ところがその後、クマソがそむいたので、皇太子小碓命《おうす》すなわち日本武尊を遣わし、クマソタケルを打って、九州を安定させられた。久米命が、日本武尊の膳手《かしわで》すなわち秘書となったのはこの時である。

その後、クマソはまた反乱を起すので仲哀天皇、ついで神功皇后のクマソ征服となり、この遠征中クマソの基地が朝鮮半島にあることがわかり、大臣武内宿禰をひきいて三韓征伐が行なわれるのだが、これらの記録とヒミコの記事とはどういう関連に立つのであろうか。

最近の歴史家の中には、景行天皇、日本武尊、神功皇后三代にわたる九州征伐、朝鮮進攻と、ヒミコ外交の時代との間に、百年位の時間の経過をおいて考えようとする所説が多いようだ。

この百年の間を埋めるものは、邪馬台国の敵手として南の狗奴国《くぬ》が考えられる。その狗奴は球磨《くま》であり、クマソと同一の部族名と考えられている。狗奴、熊は、ともに大和言葉でKUMAの音通であり、その意味でKUMEとも近い。景行天皇が日本武尊のために久米命を付け人としたのは、あるいは通訳者として必要であったかも知れない。クマソタケルがヤマトタケルにうたれる時「西の国では自分より強い者はいないと思っていたのに……」と述懐したという。すなわちクマソは九州の征服者であったのである。これらを連ねて考えると、邪馬台国はクマソにやぶられ、クマソは大和武士団に一度は降伏し、さらに間もなくそむいたのを、日本武尊、神功皇后が征伐したと推測できそうである。そして、そのクマ、狗奴は、おそらく久米と同様海人族の流れを汲む人々ではなかったろうか。

朝鮮ではその頃、魏と辰王との斗争が終り、日本へきた帯方の太守弓遵の死という犠牲を払ったが、魏軍の強圧の下に南鮮の統一はやぶれ、朝鮮南部は小国に分裂し、やがて百済、新羅、任那などの中形国家の時代に展開してゆくのであるが、この国際情勢を考えあわすと、魏は辰王をはさみうちにする目的をもってヒミコに厚く贈り物をしたかと思う。また太守みずからが使者となってのりだし、距離や地勢・兵力などを見聞調査したのは、あるいは征服しようとする秘密の目的をもっていたかもしれない。幸か不幸か、帯方の兵力は韓族との戦いにやぶれ、太守弓遵は戦死し、帯方郡自体が散じてしまう傾向をたどったので、邪馬台国は難をまぬがれたように思う。

幻の邪馬台国に贈られた錦や宝物は、その後どうなってしまったろうか。倭人伝の記述では、伊都国におった一大率が全貿易を管理していて、海岸全体にわたって監視をつづけ、とくに外交使節の場合は海港を厳重にさがし回り、文書でも贈物でも、一物をのこさず女王のもとへ送ったという。

このことは、逆にいかに自由貿易的輸入者が諸所にいて、管理しにくかったかを示している。この一大率が、後の太宰府になる屯倉《みやけ》と推定すれば、邪馬台国はどこになるのか。水行三十日は正しいのか。または、国の大きさが秘密であるためにごまかしたのか。女王ヒミコは、おそらく人種的には大和人と関係のある女君に相違ないが、狗奴《くぬ》国との戦いのなかで死んだとすれば、そこには歴史にあらわれない歴史、幻の国の女王哀話が秘められているように思う。

五　秦氏の謎

原始林の大和

「古墳時代の、大和を中心とした地方は、伊勢から四国にわたる、一面の大原始林におおわれていた」

「楠、樟、檜などの見事な巨樹の大森林が続いていた」

というのが林学博士故江崎政忠先生の持論であった。元来奈良盆地は古代湖水のあとで、大阪府の国府の谷で湖水の水がきれ、大和川となって次第に流れ出し、形成された平野である。その古代湖を囲むウッ然たる大森林の丘陵地帯に太古豪族が住みつき、水のひいた肥沃な土地に米作を営み、みず穂の国とよばれるまでの成功をおさめたのである。生活が安定すると、部落の長はその小高い丘に玉垣を結び、平野を見下す要所に宮居をつくった。

その宮居の跡が祖社（すなわち祖先の神社）として各豪族の根拠地となった。すなわち奈良平野の東側には、北から春日山附近の春日氏、その南方の和珥《わに》氏、石上神宮の物部氏、三輪山の大三輪神社、その南方香久山、耳成山附近の大伴氏、畝傍山附近の蘇我氏、さらにその南方山地に羽田氏、巨勢《こせ》氏とつづく。また西側、信貴山麓から大和川北方に平群《へぐり》氏、大和川の南側、二上山山麓には葛城氏がおのおの勢力をふるっていた。

神武天皇が武力をもってこの平原に進入し、各豪族を臣服させたのちも、皇室には兵力はあっても農奴と田は豊富でなかった。各代の帝は各豪族と婚を通じ、帝都を各豪族の地にうつし、やがて東方の丘陵、いまの大三輪神社を中心とする地方を根拠として各部族を統率し、全大和人をその勢力下に団結せしめた。

この大原始林中に宮居をおく有様は、今日伊勢神宮に見られる。そこには大自然が清く静かな雰囲気をかもしだすとともに、数百年を経た巨樹がおのずから森厳な威光を感ぜしめる。しかしながら一方、近寄りにくい奥深い地点でありながら、そこに見出す簡素な白木の宮には平穏な親しみ深い人間性があふれている。すべてが思索的で、大自然の巨樹茂林そのものを防禦力にもちいた賢明さもあれば、ドイツ人が讃える森の美と、生活の豊かな融和もある。

この宮居の朝をどよもして鶏が鳴く刻々に人々は身仕度をはじめ、開墾された野の方へ毎日でかけたのである。この宮居の思想が古代人の理想的雰囲気であって、森と神社は、その後深く結びつき、今日全国的に見られる鎮守の森の伝統となったのである。

伊勢は、南方に水軍にとってはこれ以上の要害はないと思われる地形複雑な志摩半島をひかえ、西は大和に通じ、北は尾張に通じる雄大巧妙な地点選択がなされてあり、古代皇室の雄大な思想をあらわしているが、大和もまたこれに比すべき聡明な地形選択がなされていて、陸軍の要害といえるであろう。ことに水田の成功によって米麦の食糧が確保され、山へでては猪・鹿・兎・狸を狩り、川へでては魚貝を採り、森にはいっては桃・栗・椎の実、銀杏などをひろい、大和の国は数十万の人口ならばまことに好適な地帯であった。

大和の武士団

その後大和の人口は増加の一途をたどり、ことに葛城山系などから生産された古代の鉄製産が豊富な鍬や刀剣を供給したからであろうか、ここに皇室を中心とする一大武士団が出現したのである。

当時の国情を考えると、数千の武士団は圧倒的な戦力であった。その武力の動くところ敵対しがたい力があった。同時に彼らは農夫であり、土工であり、武士であったのであるから、大和人の勢力はおのずから外へあふれだした。彼らは西は河内、和泉の地（当時形成されつつあった）を開墾し、北西は山城、摂津、播磨と進出し、北東では近江、信濃を掌中に納め、東では東海道の開墾を大規模に進展していったのである。

武士団というものはいつの世でもお土産を欲しがるものである。戦時下の単調な緊張の生活の中に文化を求める性格が生まれる。明日を知らぬ運命の彼方に永遠の光明を望んでやまない渇が生じる。それが大きな文化交流の機縁となることは、中世の十字軍や、戦後の在日進駐米軍に見ても明らかである。大和の武士団が九州に進駐した時に接触した辰韓の文化は、すでに千数百年の洗練を経た中国、しかも後漢の爛熟した文化の美果であったからたまらない。彼らはたちまち集団的に中国熱にうかされてしまった。それには文字があり、本があり、医療があり、金工があり、乗りよい鞍があり、立派な櫛笥《くしばこ》があり、鏡があり、漆の椀があった。一つとして彼らを魅了しないものはなかった。ここに彼らの征討は、また別の意味をもつ戦闘にかわっていった。

日本武尊から神功皇后にいたる一連の動きはこの間の消息を物語るもので、大和人の文化的欲望は外人の時々もたらす献物だけでは満足しきれないものになっていた。海外の要請があれば、大挙して船にのり、朝鮮に押し渡る武力に変貌していた。

当時大和人が「豊《とよ》の国」とよんだ北九州には後漢の金印をもらった倭の奴《な》の国をはじめ、後漢書や魏志に現われる小都市国家が群立していた。その一つ一つの窓口は、一つ一つ朝鮮半島の異なった文物と関係していた。その朝鮮の一つ一つの地方が、また魏、晋、南北朝以来中国に群立興亡していた政権、国家、民族の文化影響を直接伝承していたのである。そのなかには亡命文化人も多くいたのだから、日本へはほとんど無計画に種々雑多な文物が流入した。大和政権側では、武内宿禰が大臣となって対外積極政策をとり、九州の屯倉《みやけ》を軍事基地とし、ついに順風にのって新羅の国を征し、百済の国を服し、任那をたて、大陸の東端に足がかりを形成したのである。この試みは数世紀の後、高句麗の南下や、唐—新羅の連合軍の朝鮮海峡遮断によって瓦壊するのであるが、大陸の文物はこの時代に生《なま》な姿で日本にはいったのである。錦はどうであったろうか。

新しい技術の発達

従来同一祖先をもつ集団が一つの氏であり、それは一定の領地をもっていた。すなわち、地理的分布と部族とは一致していたのであるが、時代の進展にしたがい、特殊才能をもつ技術集団が新たに臣属して部《べ》となるにつれて、産業部の部族が生じてきた。従来の土師《はじ》部、玉造部などにまじわってアヤ部、ハタ部、キヌヌイ部などの名が歴史に散見する時代となった。

これとともに、朝鮮の工芸とおなじ技術がつぎつぎに日本でも生産にうつされた。雄略帝の七年に百済から、新漢陶部《いまきあやすえつくりべ》高貴が朝廷へ貢上された。この部族の活動がはじまるとともに灰陶《かいとう》が須恵《すえ》器として登場する。これらは青泥《せいでい》の採集と、ロクロ的成形と、登り窯《かま》的焼成法によって新しい局面が展開され、とくに焼成とともにしみ出てくる釉薬《うわぐすり》の面白味には、もう陶器の発明――ついで信楽焼的完成へ――まで来かかっていたといえる

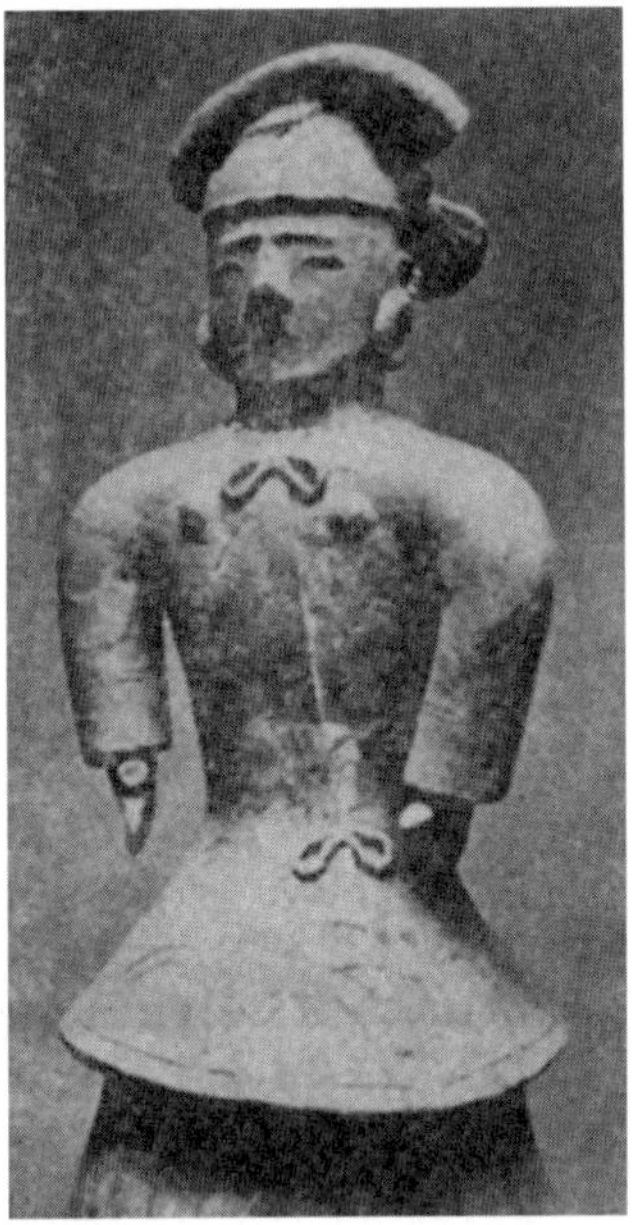

正装した女性像

群馬県伊勢崎市八寸で出土。このまげを結い，冠をつけ，耳輪をかざり，曲玉をつけた佳人は，全体が青海波のような文様の錦を着ているようだ。もちろんこの二本の三角形的な曲線をかさねる構想は，土偶的に自然にそういう着想が生じる可能性もあるが，その考えはまた織文に応用されていたかも知れないのである。

正座する男

福島県平市高久古墳出土。この埴輪美の中には，華麗な彩色文様美がある。ことに特徴をなしているのは，冠物の三角形の尖端に鈴様の玉のついた面白い形の冠に，籠手に，鎧の胸板に展開する朱の正三角形の文様である。
古代民族の造形美の中には，その民によって，特に愛された基本の抽象形がある。例えば中国銅器の平行線渦文，ギリシア文化のアーカンサス曲線と波文線，エジプト文化のもつ梯形積み上げ構想と直角など，いずれも深く様式美の中に参列している。強いて，そういう特色を日本美の中に求めれば正三角形（およびその変化）と円筒円錐のくみあわせである。この像はその好例である。

ものがある。これに対して土師部も、埴輪をはじめカワラケなどに新手法を創造し、かつ陶部とちがった大作に活躍したように思われる。

この土師部の窯が、平地に穴を掘って燃料とともに焼上げるものであったのに対し、須恵器の窯は、傾斜面に階段状にしつらえ、その土壌の各段に作品をのせて焼くものであった。そうした遺跡が発見されている。このように豪族の大森林の奥深く、陶器や鉄器の修繕などの工業が始まっていたのである。

豊かな食糧を供給する国土、怒れば容赦しない天神、それが日本人の性格の単純、明快、そして短気な純情さを形成した。そのままの表現が埴輪の顔にある。

かれらは文明人であった。鉄鎧と鉄剣はすでにあって、甲にいたっては千変万化、各自の趣味と信念と血統を表わしているようだ。衣は鎧の下にあって、白い絹織物、精緻な麻、粗い麻などが重さね着されていたであろう。大国主の神話に綾帷帳《あやかき》があらわれ、錦も山幸、海幸以来、日本人の生活に深く結びつく。日本武尊が焼津で火の難にあった時、姉からもらった袋を開けると燧石《ひうち》があらわれ、危難を脱するのだが、それは錦の袋であった。大国主の后《きさき》スセリヒメがヤマトに向かう夫の鐙《あぶみ》に片手をかけて詠じた歌には「黒き衣、青き衣、茜舂《あかねつ》く染め木が汁」などとよみこまれて、古代染料の豊かな知識を暗示している。古墳から出土する白銅鏡や、宝剣の青銅透かし彫り、曲玉の宝などはその時代の生活の豊かさを示している。それは、古代エジプトや古代中国のような壮大、豪華な眩惑的な豊かさではないが、しみじみとして心を楽しませるのには十分な含蓄と美の密度はあった。無限の生命や、あくなき征服はないが、女も男も自然の偉大さと、生命のもろさを知り、その故にこそ女の情愛のこまやかさと人生の虚ろさを知った文明である。

　村落の農家では、優秀な刃物で織機をつくる木材が切り刻まれ、竹で筬《おさ》がつくられ、桑の樹を家屋の生籬《いけがき》などに植えて繭を採集し、農婦は機上にあがってアシギヌやキヌ、麻衣などを仕上げていた。葛城氏の領土内では高麗錦《こまにしき》や韓錦《からにしき》が、高麗人や韓人の手で織りあげられていた。それはスクネの子、葛城のソツヒコが、朝鮮の土地から捕虜として移転せしめた人々であった。その他の豪族もまたソツヒコの協力者として朝鮮に渡るとともに、ある隊長は図書をあつめ、ある隊長は玉をあつめ、ある隊長は馬具を蒐集して持ち帰り、それを自領内の産業としようとした。

海外発展の逆方向の効果として、国内産業が発達するという結果がもたらされるとともに、朝鮮の方では倭の将軍や大使を、いかに扱うべきかを心得てしまった。

新羅、百済、任那などは、小国の常として権謀術策に手なれていたので、馬鹿正直でしかも欲の深い倭国の使節、将軍をほんろうし、たぶらかし、内訌させ、自滅させるのはやさしいことであった。したがって献物政策は彼らの常套手段であった。百済王は阿知吉師《あちきし》に牡馬、牝馬一対に刀、大鏡をそえて贈ってきた。この阿知吉師の学力は応神天皇のお気に入ったので、「もっと学者、賢人をおくってくれ」という要求となった。それでつぎには和邇吉師が『論語』十巻、『千字文』一巻とともに日本へおくられてきた。阿知吉師は、おそらく馬術師で、通訳、馬具工芸の指導者として重用されたのであろうが、和邇吉師は文字の先生となり、書記となり、ついで外交官をも兼ねることになったのであろう。

そのほか秦造《はたのみやつこ》、漢直《あやのあたい》、酒をつくる技術者仁番《にほ》、須々許理《すすこり》なども何らかの技術者として迎えられたのである。とすれば、ハタノミヤツコも、アヤノアタイも、織物の技術者であったように思える。とくにハタノミヤツコは、後に日本に現われた秦氏と関連があるかも知れない。

百済王はマケツというキヌヌイヒメを送り、ついで秦《はた》の弓月君《ゆずきのきみ》がきて、その国一二〇数県の民の移住を申しでたので、葛城氏はソツヒコをつかわして、その移民を手助けさせた。その時、新羅がこれを妨害したので三年間秦氏は移動ができなかった。それで日本では平群木兎宿禰《へぐりのつくのすくね》を派遣してついに新羅王を屈服せしめ、弓月君の一統を招来することができたのである。おそらく新羅王も、秦氏の技術が欲しかったのか、さもなければ日本で絹織物が勃興するのを恐れたのであろう。

こうして応神帝の御代にいたって、日本の染織史は大発展をとげる機運にめぐまれるのである。

織物技術者の移住

古代の衣服は次第に明らかになってきた。埴輪《はにわ》にその服装形式が見られる。衣は左衽《おくみ》で、胸下で上下を合わせる。ちょうど祖父の時代に着用していた「上っぱり」そっくりである。下は袴《はかま》であって踵《かかと》の上方で紐でくくっている。武士は胸甲と兜を衣の上につけ、短剣を前にたばさみ、手甲、脚甲をあて、大弓をもち、靫《ゆき》と矢を負うている。人によっては槍や鉾をもっていたのであろう。またさらに上級の貴人は、黄金造りもみごとな馬具をもち、馬鈴を鳴らし、金鞍にのって環頭の大刀をはき、馬上豊かに武人を従えていったのであろう。

このような人々は古墳のあるじとなった豪族の主君たちであるが、彼らに共通なことは、異国情緒を愛し、海外に強い憬れをもっていたということである。甲《かぶと》の形式にはスペイン帽風、烏帽子形など、各々趣味を誇り、いろんな系統のいろんな文化の潮流が日本にもおし寄せていたありさまが知られる。福岡の宮地嶽神社の宝冠や熊本船上古墳の金銅透し彫りの冠帽などはその代表的なもので、各々精緻な技術がふるわれている。当時中国では漢の政体が崩壊し、塞外《さくがい》・西域の諸民族が武威をふるっていたが、日本では平穏で、国土は米作に成功し、その中心勢力である大和政権へ自から納税されて、日本文化は第一回の花を咲かせようとしていたのである。つぎつぎと魏・晋に敗北した亡命民族は朝鮮へ逃げこみ、そのたびに朝鮮に各民族のもつもろもろの文化・技芸が渦巻き、また経済的混乱が継続した。このような朝鮮での紛糾は日本へのあこがれとなり、退避となる結果を生み、また進んで日本の武力と富力の援助をえて勝勢をつかもうとする何人かの帝王や政治家があらわれた。しかし、おそらくもっとも重要な彼らの目的は、日本諸島を中心とする豊富な食糧にあったのではないかと思われる。

日本の方では、諸豪族がいろんなめずらしい産物に夢中であり、諸工芸にわたって技術輸入に熱心であったから亡命部族にとっては非常な好条件をもって受入れられ、ここにいろんな技術をもった部族の移住が始まったのであろう。日本では開拓すべき土地をしめし、かつ移民の相談に応じたのであって、新羅の天日槍《あめのひぼこ》や、ソナカシチらの行動はそんな経済折衝であったかのようである。

日本は美しい自然、豊かな食糧と、部族の安定しうるようなころあいの小天地をもつ地形であった。そのまとまりのよさと、米作に適

頭巾風の冠り物をした男

群馬県出土。正三角形の展開は，まず梯形（正三角形三つの横列）を生む。前に述べた日本埴輪の正三角形好みは，ここにも顔の彩色と頭巾的な冠り物の造形性に現われる。この梯形の展開はおのずから裃（かみしも）や茶壺の肩衝（かたつき）の形へ展開して行く。

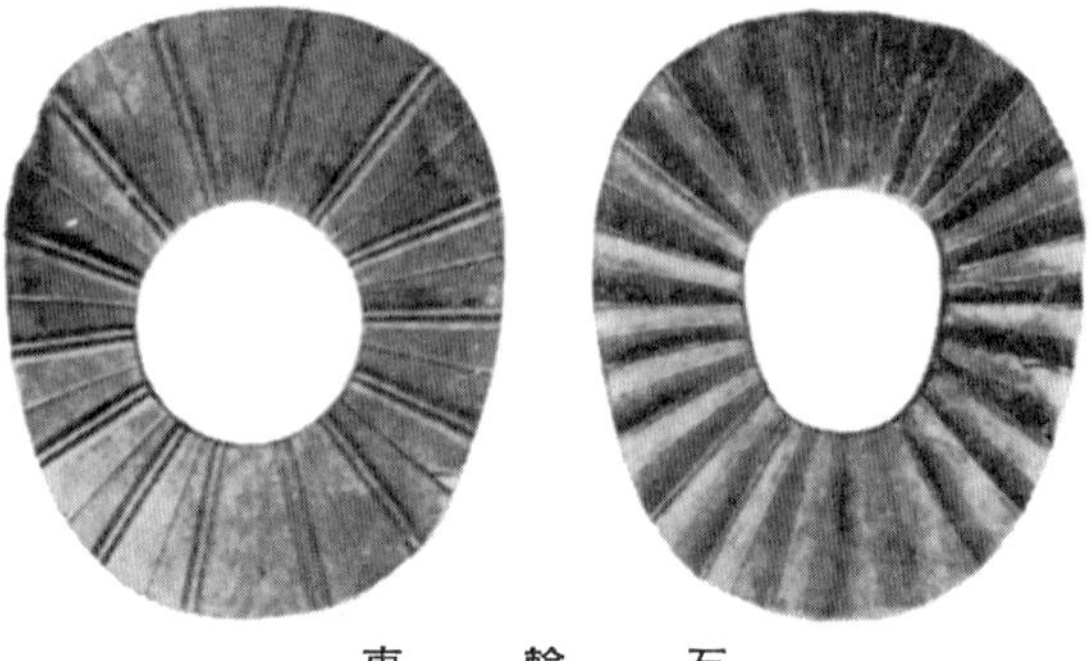

車　輪　石

三重・上野石山古墳出土。古代の玉製装身具の中に，車輪石という珍しい形がある。全部とはいえないが，その大部分は中央の孔が正円に近く，美しい後光紋状に中凹の線が彫られている。全体の構造は文句なく美しいが，わからないのは溝の中凹みである。あるいは色々の絹糸をまいてみたのかとも考えられる。

した気候の秩序は、荒漠たる大陸から見れば小仙境であったに違いない。そこで、カラのソナカシチ王子や、新羅の王子、天日槍がそうであったように、知識人、技術者の移住帰化という特殊な現象がはじまったのである。これが外国古代文化に共通な奴隷捕虜による陰惨な歴史とやや趣きを異にする点である。日本の豪族は、もちろん捕虜の工人は奴隷化しただろうが、そのほかに技術者招聘《しょうへい》の移住帰化という非常に近代的な文化接触が行なわれたのである。それをまとめたのが氏族制度である。

一切の大衆を、おおみたからとして一視同仁の思想の下に包含し、部《べ》という集団にまとめた。そしてその指導者(首《ふひと》)の朝廷における階級をさだめて秩序を立てたのである。この部の階級運営の上に立ち、血脈的統合と神話作成による思想統一の中心であった皇室も、この時代にいたって新しい具体的な現実的統治法を求めざるをえなかったのである。それが、菟道稚子《うじわきいらつこ》や仁徳天皇の求められた聖王的政治思想なのであった。その方法は、日本語の文字化による思想統一と新産業の勃興による文化生活の具現であった。応神、雄略の両天皇の対外積極武断外交とこの文化統治とが相表裏して古代日本は生長したのである。そしてまたこの二つの方向は、ニギミタマ（和魂）、アラミタマ（荒魂）という神道思想として巧みに統一され、古来の伝統と新しく起った部族産業組織とが調和していったのである。

ハタ氏の謎

日本の対外接触は、こうして島国の文化に革新をもたらし、武士貴族の欲望の変遷は、やがて農本主義経済に変化をもたらし、帰化人の移住はおのずから工業の発達をうながした。

わが染織の歴史も、この線に沿って新しい局面が展開する。従来は豪族の自給自足機関であった工業組織は、各豪族の経済力の源泉となるために、おのずから特技中心にかわり、その同じ傾向にのって各地には特殊工業と工芸が発達した。この時代の歴史について『古事記』と『日本書紀』の記事は、しばしば矛盾し、われわれを混迷におとしいれるが、要は、『古事記』は日本国内の記録用であり、『日本書紀』は国際対抗意識に満ちた歴史作品であるといいうる。また『古事記』は魏志（北支）、『日本書紀』は宋書（南方系）に近い学問的流派の差といえるかも知れない。織物の歴史に関してもこの差は重要である。

『応神記』、『雄略記』と再度にわたる中国からの技術者招聘の事実を『日本書紀』は説くが、『古事記』では『応神記』のみに述べている。また、かの有名な秦氏についても記載が異なっている。『日本書紀』では『応神記』に、「弓月君が日本にこようとしたところ、三年間新羅に妨げられてこられず、迎えにいった葛城の襲津彦とともに立ち往生して困っていた。そこで一六年に、平群《へぐり》木《ず》菟《くの》宿禰《すくね》らの精兵をつかわし、武力で新羅を圧倒して、秦氏を将来した」ことになっている。その民は一二七県（約一〇万）の大移動だったという。これが『古事記』では、「秦造の祖、漢直の祖……等参渡り来つ（はたのみやつこのおや、あやのあたへのおやらまいわたりきつ）」とのみしるされている。

この時代近くの歴史について考えてみると、歴史は古代の神の奇蹟、説話主体の記事から、王の行動、とくに帰化人と内乱とに重点が移ってきているように思われる。ともあれ、秦の始皇帝一三世の孫孝武王の後裔《こうえい》と称する一族が、朝鮮半島の向うから現われて日本に移住したいと申しでた。その指導者（弓月君）融通王は、秦滅亡以来数百年の間この一〇万近い部民をかかえてどこでどう

伊佐羅井（下図はその前景）

この井戸は，京都市太秦の蚕の社の西側に保存されている。筆者の中学時代には，この辺は広隆寺内で，その塔中のようになっていた。この井戸の井げたは石材でできていて三角形の天場を持っている。三角の井戸は珍しいと思っていたが，これこそイスラエルの聖井の形式だという。またその下に，水におり立つ床があって，昔の洗礼場であると推定されている。

して暮してきたのか。さらに新羅はこの人民を、何の目的で移住の途中で妨害したのか。疑問の多いことである。

　けれども謎のなかの謎は、近年イスラエル国が特別の研究を日本の学者に依頼してきている点である。すなわち「秦自体が、イスラエルの行衛不明十族のなかの東北に向った一支派ではないか」というのである。今日、うずまさ（太秦）かいこの社にのこる伊佐羅井《いさらい》の井戸は、三角のイゲタをもつイスラエルの聖井であり、ユダヤ教の型のように、そのすぐ下に洗礼儀式を行なう水浴の広場などが存在する。それらはかたく古式を守るイスラエルの民の風習だという。

　それにしても、日本側では秦を古くからハタという。このハタと訓したのは、おそらく「織物を織る機構ハタを熟知していた人々」の意味であったろう。またそれにたいし、漢の裔《あとつぎ》と称する漢《あや》の直《あたい》も一七県の民をひきつれてきているが、この方はアヤすなわち古代のほめ言葉が、漢の字にあてはめられたのである。その指導者漢《あや》の阿知岐《あちき》は、漢の高祖の子石秋王の裔というのであるが、おそらく楽浪帯方の混血族で、むしろ満州系に近い人人ではないかと思われる。それは、その祖阿知使主《あちのおみ》が良馬二とともに百済王の献上馬の技師としてきた点、それが経典をよく読み、王仁を推薦した点、また日本の外交官として、技師を探しにゆくとき、まず高麗にいたっていること、高麗でクレハ、クレシの中支人を道しるべとして、中支にいたっている点、および彼の姓名などは、彼が元来漢人でなく、北方系であることを示している。もし漢室関係者であれば、当然劉姓であるはずなのである。秦氏に関しても同様な疑いは生じる。しかし、この両氏はともに、秦・晋から南北朝とつづく異民族の、全面的な中国本土進出という民族大移動の波におされて、とうとう朝鮮をこえ、日本まできてしまった人々であった。

クレハトリ・アヤハトリ

このころの中国は世界一の自然科学国であった。有名な諸葛孔明の指南車（磁石）火薬の発明をはじめ大砲・巨船の建造能力等々、文明の力、世紀の大発明の力をもって、移入異民族に抵抗していたのである。しかも、その主たる文化地帯は、四川でなければ浙江・福建にあって、北支はむしろ武力派と詩文の世界であった。ことに呉の文物は勃興めざましく、内容からみて漢民族文化は本質的に南下をはじめていた。その地帯から、日本は織物の技術を吸収しようとしたのである。

阿知使主《あちのおみ》が、どんな言辞を弄し、いかにしてあの海上交通不安、南方興隆の時代に、呉すなわち中国の華南地方、江蘇・浙江地帯から技術者を導入したか、興味ある問題である。が、新羅（おそらく天日槍らが王子であった事情が示すように）が海人の国であってそのルートにのって案外新羅と呉は交通ひんぱんであったかも知れない。

かくて阿知使主すなわち漢部《あやべ》の手で、応神の時に、筑紫胸形の神宮に兄媛《えひめ》（後に吉備の国織部《はとり》県）、弟媛《おとひめ》、呉織《くれはとり》、穴織《あなはとり》は、津国の武庫（今の池田付近）に将来されたのである。また百済の直支王は、その妹新斉都媛《しせつひめ》を倭にいたらしめ、朝廷直属の工場を献上しようとしたらしい。かくて大和武士団の首領たる王たちの衣服改造がはじまったのであろう。

この伝統は、雄略天皇の時ふたたび活動し、百済の方から今来《いまき》の才伎《てひと》として陶部高貴《すえつくりたかき》、鞍部堅貴《くらつくりかたき》、畫部《えかき》因斯羅我《イスラガ》、錦部《にしごりべ》定安那錦《チヨウアムナコム》、訳語《おき》卯安那《レウアムナ》など、および呉（中国の華南）の方から漢織、呉織（手末才伎)、兄《え》媛《ひめ》弟媛《おとひめ》らがきた。この時はこの呉客の群を呉原におき、兄媛は皇室の関係の深い大三輪ノ神に、弟媛は阿知使主《あちのおみ》の系統である漢氏に、漢織は飛鳥に、呉織《くれはとり》は伊勢におかれたのである。

漢氏から秦氏へ

この漢氏系統の工芸技術は、クラックリとからんで武器に応用されて大いに栄えるが、あまりに権力につとめて接近したため、ついには蘇我氏輩下の武力の一つとなり、その没落とともに自滅していったように思う。

これに反していま一つの外来人秦氏の方は、蘇我氏のような武具関係とあまり関係をもたず、むしろ酒公《さかきみ》がそうであるように、朝廷に近くありながらよき酒をつくるとか、絹織物の上等を作るとか、武力とは関係少なくすごしてきた。その原因は弓月君の一二〇余県の部族民は数として当時あまりに多すぎたので、「若者すなわち武力」の古代では、危険視されて分散せしめられた。分散の各地では、言語不通のため常に不遇で、武力とならなかった。ところがその族長であった秦の酒公が、雄略帝の危急をお救い申し、かつしばしば美酒を献上したりなどしたのでお気にいった天皇は、ついに水子部雷をして秦の散民を集めしめられた。そのころ秦氏は、全国の残存部族を集合せしめて九二部一八六七〇人いた。そのなかには、酒づくりの上手もおれば、養蚕・絹織の名手も多かった。酒公は、それらの人々のつくった錦や絹織物を廷前に大きく積みあげて献上したので、うずまさのほめ言葉をちょうだいし、桑田の郡（今の太秦の地）におらしめられた。また、各国に令して桑を植え、秦氏の散民にも職を与える好遇があった。時に帝の一六年秋七月であった。漢部はこの時、その武力を買われたのか伴造《とものみやつこ》になっている。かくて、帰化人の職業としての絹織物は、いちおう漢氏《あや》の手から秦氏《はた》へ移ってしまったのである。

しかし、そのほかに当時ヤマトニシキ、カラニシキ（南鮮系もしくは中国南部系の錦）、コマニシキ（北鮮系の錦）の系統もあったであろうし、来目《くめ》の衣縫をはじめ、伊勢、三輪、筑紫、吉備には有力な衣縫部があり、当時の開港地の運河石川には、石川の錦織があり、葛城の里にも錦織があった。いや、おそらく新しい高級織技は別として、日本各地の産業として絹織物はひろくさかえていたと思う。

この時代に、貧富の差はようやく明らかになり、産業は、素朴な生活工業から専門家的工業となり、やがて秘術、秘法をもつ工芸へ進歩していった。かかる専門家的工芸作品は貨幣のない当時でも、米何斗にあたるとか、帛《はく》何匹にあたるとかいう評価の対象となっていた。そして、貴族や神に、その専門技術者は臣属することになっていった。

こうして、貴人、豪族はその権威と富を現わすために錦を着、鏡・宝剣・曲玉を家にまつり、衣笠をさしかけ、こしかけに坐し、宮殿をつくり、宝玉・宝剣を佩《は》いて濶歩することとなった。美しい衣服は、当時のはげしい欲望の対象で、好配偶をうる必須の手段でもあった。かの、一夜で藤の花の衣となった藤花の説話のような優美な話も、またこの時代に生まれたのである。

身分の上下は、社会が広範化し、組織が複雑化するにしたがって生じ、前に述べた藤衣を着る階級、たくぶすまの麻をきる人々、絹織の衣裳をつけうる階級、錦織をきる人々などと階級差が生じた。このような衣服で階級差を表現しようとする思想は、儒教的統治思想の裏付けのもとに、やがて大宝律令や大化の改新の服制の萠芽となるものであった。この島国に絹織物が繁栄しだすとともに、新羅、百済から多く貢物が渡来し、また中支の呉の国からあらゆる財宝がおくられてきた。

この南方系文物は、意外に早く、深く日本にはいっている。たとえば、全国から出土して有名になった仿製鏡（中国製の鏡を模造したもの）なども、その様式の原本にあたる古鏡群が、近年浙江省の紹興《しょうこう》から多数発掘されている。もし祖先を現わす意味が宝鏡にあるなら、この発見は重大であって、日本の海人系祖先はもちろんのこと、「高天原伝説」も考慮しなおさなければならない。

日本の古代文化は、この雄略帝前後にまさに熟柿がうれるようになっていた。豪族の勢力は限度に達し、まさに破裂しそうな情勢であった。この時、仏教が渡来しはじめるのである。いま日本にのこる錦も仏教文化とともにのこってきたのである。けんらんたる仏教文化はどんな錦を生んだのであろうか。

六　法隆寺の錦

仏教はこのような社会的・歴史的背景をもって日本にはいってきた。古代仏教の代表的寺院、法隆寺はあまりに有名である。歴史と美術に関心をもつ人なら、かならず何度か訪れているだろう。しかし、その多くの人々は、まず建物と仏像を見てくるのである。法隆寺の建物と仏像はたしかに立派なものである。けれども立派なものは他にもあるのである。法隆寺の錦を忘れてもらっては困るのである。

聖徳太子は法隆寺の建立にあたって、たんに宗教としてだけでなく、心理学、哲学、論理学等の近代科学の殿堂として考えていた。法隆寺の四八体仏にみるように、さまざまな信仰をもっていた人たちの思想統一には、信仰だけでなく、学問の成果をみせつけることが必要だったのである。そして、さらに学問だけでなく、造形美術の面からもすぐれたものをとり入れ、政治上の一手段として利用したことであろう。

造形美術が発達すれば、それにともなって自然に産業も発達するのである。仏像しかり、建築しかり。そして染織工芸品がしかりである。

蜀紅錦

隋の使いが日本にやってきて、「東方の仏教の理想国」と思ったように、聖徳太子は、法隆寺や四天王寺などの大伽藍を建立した。これらの大寺院に住んだおびただしい数の僧侶はいったい何を着用したのか。また、儀式のときに壁にかけ、いろいろな建物を飾ったものは何であったのか。これらの錦や布地《ぬのじ》の量は大へんなものであったことが想像される。

おそらくこのおびただしい量の錦は、一部のものを除き、大部分を国産品に頼ったであろう。しかし、特別に上等の品は外国から輸入されたもののようである。

こんにち法隆寺の綱封蔵《こうふうぞう》にのこっている錦は、すべて法隆寺では蜀紅錦《しょくこうのにしき》とよんでいる。蜀紅錦というのは、中国の四川省成都でできた錦である。三国時代の蜀のときに、諸葛孔明が蜀の軍兵を

蜀紅錦（しょくこうのにしき）

推古天皇時代の遺品と伝えられている。その保存はよく，赤色の豪華さは今日も人の目をみはらせるものがある。法隆寺蔵。

とのえるために開いた錦院の系統の織物という意味である。

だいたい古代には赤を染めだす染料がなかなか手にはいらなかった。しかし蜀の政府が、その赤を染める染料ー蘇芳《すおう》ーを栽培するのに成功したので、それ以来二〇〇〇年のあいだ、蜀の織物が天下の名品としてうたわれたのである。

いま法隆寺にのこっている蜀紅錦は、まさに三、四世紀の中国の技術を伝える世界的に珍品といってもよいものである。なかなかわれわれの眼にふれる機会も少ないが、宝蔵で十分に注意して見てもらいたいものである。

だいたい代表的なものは写真に示すように

(1)　円文白虎・朱雀錦

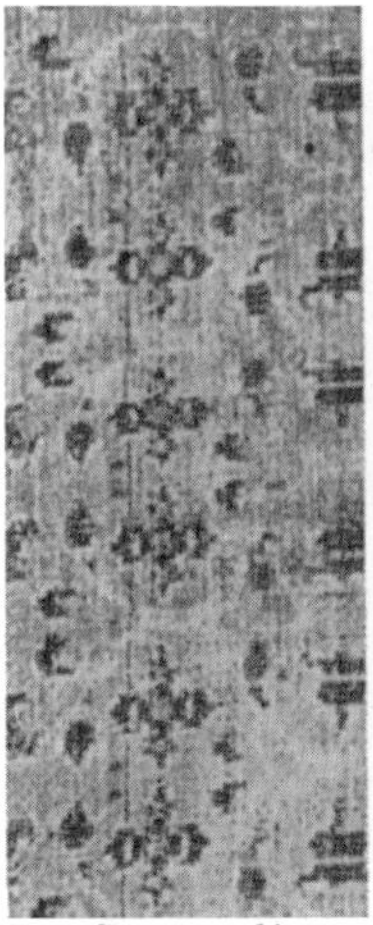

亀 甲 錦

法隆寺錦

円文白虎・朱雀錦

(2) 法隆寺錦

(3) 亀甲錦

の三種類である。

太 子 間 道

しかしそれらの蜀紅錦とちがって不思議なものは太子《たいし》間道《かんとう》である。

太子間道という錦は、絣錦《かすり》である。たて糸をくくり染めにしてヌキ糸を一丁ないし二丁で織る立派な技法であるが、元来タイ・アンド・ダイ（糸をくくってそめておる）の技術はインド系のものであるから、太子間道もあるいはインドからきたものかもしれない。それがたまたま聖徳太子の時代に伝来したので「太子間道」とよぶようになったものであろう。

この「太子間道」の技術はきわめて優秀で、現在のわれわれが作るには五回ないし六回ぐらいのくり染めを必要とするから、少なくとも半年くらいの準備期間のいる仕事であり、しかも最後まで現存の太子間道のように織りあげるには、染め・せいけい・しぼり・織りあげ等の各段階で非常に熟練していなければならない。

太子間道

法隆寺に伝来した古裂の一部。その織り方から奈良時代より古いものとみられる。

かりにこれがインド産とすると、模様の点からの解釈はつけ易いが、かりにインドからこれが日本にきたとすれば、どういう経路で入ってきたのであろうか。中国経由できたこともちろん考えられるが、天平時代の東大寺の大仏開眼供養のさいにいたと伝えられるバラモン僧等が法隆寺にでも直接もってきたのかもしれない。

それにしても、この貴重な最高級品が、何のために持参されたのであろうか。いま、法隆寺という日本でも最高の、いや世界でも最高の文化遺産のなかに伝えられてきていることは、あまりにも所をえた感じに不思議な感慨さえ覚えるのである。

天寿国曼荼羅《てんじゅこくまんだら》

法隆寺の金堂、五重塔そして講堂をみてから多くの人は土のへいにそって夢殿に向かう。そして夢殿のやや後ろに、弥勒菩薩（半伽思惟像）で有名な中宮寺がある。

中宮寺でもう一つ有名なのが天寿国曼荼羅《まんだら》である。これは刺繍《ししゅう》であって錦ではない。推古帝三〇（六二二）年に薨去《こうきょ》された聖徳太子をしのび冥福を祈って、妃の橘大女郎《たちばなのおおいらつめ》が宮廷に奉仕する采女《うねめ》らに縫わせたと伝えられるものである。中宮寺に大部分があり、そのほか法隆寺、正倉院にも数片ず

天寿国曼荼羅繡帳

現在の残欠のなかには羅地（らじ）に刺繡した当初のものと綾地（あやじ）に刺繡した鎌倉時代補修のものが混在している。奈良・中宮寺蔵。

つのこっている。

天寿国曼荼羅は、古来、研究家が輩出して、いろいろと研究されているが、現存する天寿国曼荼羅が、すべて一つのまとまったものの残欠であるかどうかは、きわめて断言しにくいのである。現在の断片には「ぬい」の手法が数種、生地が数種あることから、多くの疑問が生まれたのである。

この程度の繡帳《しゅうちょう》は、おそらく天平までの各寺院の状態をみると、各寺ともに数帳あるいは十数帳もっていた程度の大きさであって、何らかの意味で中宮寺に集められたものの、残欠を惜しんで

薬師寺吉祥天女像

一つの繍帳にまとめられたように思われる。
むしろこの時代のものと推定されているもので、もっとも興味深いものは薬師寺の吉祥天女像である。これは、当時の唐代の衣裳とちょうど照応しあっている。ただ敦煌の壁画のなかの、供養する四人の婦人を理想化し、中国の都風に描いたのが、吉祥天女である。すなわち、錦の衣を着、裳すそをひき、天衣をひるがえし、絹靴をはいた、その姿は、そのまま唐の服制を残していると考えられるのである。

夢殿の錦

法隆寺の代表的な美術品、世界にほこるすばらしいもので、しかもわりあい世間の人に知られていないもの、それが法隆寺の錦であるが、そのなかでも代表的な錦を紹介しよう。

一二〇〇年のあいだ開扉されたことがないと伝えられ、中をのぞくこともできなかった、あの夢殿の扉が、明治になってフェノロサ教授や岡倉天心等の手によって開けられ、白衣につつまれた秘仏、救世観音があらわれたとき、そのわきに立てかけられていたのが一まきの織物であった。これが世界的に有名な獅猟文錦である。

この錦の大きさは三釜《みかま》・五段巾《ごだんはば》（丸い円文の模様が横に三組、縦に五組ならんでいること）、一・五二メートル以上で、しかも片耳しかのこっていないから、それ以上のまれにみる大巾の織物である。法隆寺の伝説では、聖徳太子が物部守屋《もののべもりや》を征伐したときの錦の御旗とされている。中国の詩、詩経国風六月の詩でみるように、周の宣王以来、当時の指揮の中心である軍旗には、広巾の錦が特別に織られたというから、このような、まれにみる大巾、あるいは世界でももっとも大きなこの錦は、案外、本当に聖徳太子の錦の御旗であったのかもしれない。

四天王獅猟文錦

それはともかく、先年、佐伯定胤管長によって、この錦は「四天王獅猟《ししかり》文様錦」と名づけられている。まさに法隆寺の代表的な錦といってもよいであろう。

この錦は、夢殿の秘庫の中に長く保存されていたものである。夢殿がはたして本当に一二〇〇年の間、一度も開けたことがなかったかどうかは別として、この錦は織方は緯錦《よこにしき》である。緯錦というのは横糸で文様を織り出す手法で、古くは殷・周時代の最初の錦がごく単純な緯錦と考えられる。しかしこれは大量生産がきかないので、漢から隋にかけてはたて糸で文様を織りだす経錦《たてにしき》が中心を占めた。そしてふたたび唐時代に緯錦の高級品がさかんになるのである。一応創建当時のものと認められる。

この夢殿の錦は緯錦ではあるが、唐のものだろうか。それとも隋のものだろうか。隋の時代は経錦が主流ではあるが、緯錦がなかったというわけではない。もし隋の錦であれば法隆寺創建当時のものということになるし、唐のものということになれば創建上、しばらくたってからのものということになる。

隋の錦ならば、聖徳太子が派遣した遣隋使、小野妹子が再度使いした六〇七年、六〇九年のあいだに持ち帰ったものと考えられる。

この錦を発見したフェノロサ教授および岡倉天心は、四隅のアーカンサス唐草がギリシア直系の文様であることを指摘して、これが東西文化交流の一つの証拠とされた。

いったいこの錦はどこで作ったものだろうか。外の円い輪（外輪円文）はサッサン王朝の信仰と関係があるので、ギリシア系のヘレニズムの文化が深く根をはったサッサン朝ペルシアの文様なのである。だから、フェノロサ教授も、また他のファルケ教授、スタイン教授らも、サッサン朝の錦を中国が模造したものと考えていた。

この文様がギリシア系のサッサン朝ペルシアのものであることは間違いないとすると、どういう考え方がなりたつだろうか。

まず(1)サッサン朝ペルシア製品で、直接、ペルシアから日本に渡ってきたのか、(2)ペルシアが錦を中国に贈り物とし、それが日本に伝わったものか、あるいは(3)サッサン朝ペルシアの錦を中国が模造し、それが日本に渡ってきたのだろうか。

獅猟文錦人物拡大図

しかし、日本にはペルシアから直接このような錦をもらった記録もないし、事実、もらうような必然性は考えられない。また、中国にたいしてサッサン朝ペルシアが贈り物にする義理も関係もないようである。さりとて、フェノロサ、スタイン教授らが考えたようにサッサン錦を中国が模造した錦なのであろうか。それを考える前に、よく錦自体を見てみよう。

四天王獅猟文錦の人物はだれか

一方、この獅猟文錦の中央に向いあって織られている人物はだれだろうか。よく見ると

(1)　天馬にのる神格をもっている。

(2)　翼のついた日月冠をつけている。

コスロオ２世の
貨幣図（上）と銀盤肖像図

(3)　胡弓をひいて獅子狩をしている。

これらのことを考えると、頭にうかぶのはサッサン王朝の王者の偉容ではないか、ということである。ではサッサン王朝のどの王様か。

サッサン王朝の貨幣（コイン）をしらべていくと、コスロオ二世の肖像貨幣と銀皿浮彫肖像が、日月冠に翼形のかざりをつけている点で一致して、とくに太陽を三日月の中央に低くおいた形が獅猟文錦の冠とまったく一致している。

つまり、この錦はコスロオ二世の肖像入り織錦なのである。

コスロオ二世は西暦五八九年（隋の文帝の開皇五年）に即位し、東ローマの帝位を奪ったフオカスにたいし遠征軍を起こし、六一六年にはエジプトに侵入してアレキサンドリアを攻略した英雄である。六二八年、内乱によりたおれたが、それは唐の太宗の貞観二年であり、日本では聖徳太子の薨去後七年目にあたっている。しかも、このコスロオ二世はアレキサンドリアを占領すると、そこの織匠たちをクテシフォンに移して絹織物の工場を作っているのである。これが六一六年である。「唐」の建国は六一八年である。コスロオ二世が唐に自分の肖像入りの錦をたのむなら、むしろ、自分で作ったクテシフォンの工場で織らせたことであろう。

錦を注文した人

それではこの錦、法隆寺の四天王獅猟文錦は、コスロオ二世がアレキサンドリアの織匠たちに織らせたものであろうか。

コスロオ二世がクテシフォンに織物工場を作ったのは六一六年以降である。しかもコスロオ二世の後継者ジュスティガード三世の肖像入りの錦が、いまイスタンブールに残っているが、この錦の織り方は「ハツリ」(織り目)のあらい物であり、アンチノエやアキームで出土するエジプト・ギリシア系の錦と同じものである。これがおそらくクテシフォンの織物工場の作品だったと考えられるのである。

これにたいし、獅猟文錦は最高級の精緻な作品であり、絹糸という微妙な糸を長年織ってきた、熟練した織匠だけが作りうる精妙で雄渾な錦である。けっしてクテシフォンの工場で作られたようなものではない。

一方、隋の煬帝《ようだい》が西域諸国を大いに歓待したのが六〇九年である。ちょうど日本の遣隋使がいった年である。しかも、この獅猟文錦には、すでに写真で気がついておられることと思うが、漢字が織りこまれている。

中国の錦が、ほかの工芸と同じように銘文や吉祥文として漢字を文様に組み入れる習慣のあることは、中国の鏡や漢の錦に見られるように大きな特色となっているのである。この錦でも、上には「山」の字が、下には「吉」の字が、それぞれ円い輪の中に織りだされている。もちろんペルシアで織っても、漢字を織りこむことはできるであろうが、わざわざコスロオ二世の肖像入りの錦を織るさいに、漢字を織りこむこともあるまい。(一六九頁写真参照)

漢字のたくみな省略法といい、やはり、これは中国で織ったことを示す目的で文様のなかに漢字を入れたものではないだろうか。だいたい当時のペルシアには絹糸も豊富にはなかったはずである。中国は絹糸だけを輸出せず、なるべく布として交易(貿易)をしていたのであるから。

このように考えてくると、このコスロオ二世の肖像とペルシア文様の入った錦が法隆寺に渡来した関係はつぎのように整理して考えられる。

① コスロオ二世が、自分の肖像入りの広巾錦を注文する(隋もしくは仲介者に)。
② 隋は肖像および図案を手に入れ、最高級の技術をふるって織りあげ、西へ送った。
③ 隋は注文品以外に、この文様の錦を一、二枚余分に作っておいた。

④ 隋はたまたま六〇七年から六〇九年にかけて、日本からきた使者「小野妹子」に、この錦を贈り物とした。

そして、この時の隋は煬帝、日本は聖徳太子の治世であったのである。この錦は緯錦であるが、隋のものだったということができそうである。

日本—隋—サッサン朝ペルシア

こうしてみると、法隆寺の一角、夢殿の秘庫より発見された錦が、じつは一三〇〇年前の世界情勢をものがたっていることがわかるわけである。そして、小野妹子が隋に渡った六〇七年、六〇九年のあいだの渡来品と考えられるが、それから少し時代がたつと、六二一年には聖徳太子が薨じ、隋の煬帝も六一七年に死に、コスロオ二世も六二八年には殺されてしまう。六〇九年前後の平和な東西交流の一端はやぶれさってしまったのである。

その後しばらくして、唐を中心とする新しい東西交通の時代にはいるが、その時代になるとペルシアは偶像破壊を旗印とする回教の時代になって、ペルシアおよび近東の造形美術は一変してしまうから、四天王獅猟文錦のような写実のはいったヘレニズム的美術は亡びさってしまうのである。

つまり、六〇九年前後の「日本」―「隋」―「サッサン王朝」の平和な文化授受関係がなければ四天王獅猟文錦は日本に存在することはできなかったのである。いいかえれば、この錦こそ、聖徳太子、隋の煬帝、コスロオ二世という偉大な三人の人物の同時存在という微妙な時間的因縁と、平和な文化交流の産物として渡来したものであることを物語っているのである。

しかし、それにしても、サッサン朝ペルシアの文様、図案が存在し、このコスロオ二世の肖像だけが隋に渡り、隋でかんたんにこの異国の図案を織りあげることができたのだろうか。われわれ日本の織物業者として、今日、復原するのにさえ大変な苦労をはらうのに、隋の織匠はいとも簡単にこなしてしまったものだろうか。それとも、このペルシア文様はほかにも隋にたくさん注文がきて、織りあげるのには馴れていたのだろうか。

また、遠いペルシアから中国まで、コスロオ二世の注文は直接、隋にとどいたのだろうか、あるいは途中の国に、ペルシアと隋の仲介をするものがいたのだろうか。

こうした疑問と、先の聖徳太子、隋の煬帝、コスロオ二世の時間的一致を、さらに西域に焦点をあてて考えてみると、もっと意味深いことがあらわれているのに気がついてきたのである。それをつぎの章でふれることにしよう。

七　大谷探検隊とミイラの錦

シルクロードと高昌国

法隆寺の夢殿で発見された世界的逸品ともいえる「四天王獅猟文錦」は、何度かふれたように、小野妹子が六〇七年から六〇九年にかけて行なった二回の隋への旅のさいに持ち帰ったものと思われる。

ちょうどこの六〇九年には、隋の煬帝《ようだい》が、部下の裴矩《はいく》に命令して鉄勒《てつろく》（バイカル湖の南からカスピ海の西までおよんだトルコ族。その一民族が突厥である）を粉砕し、その威力をかってさらに西突厥《とっけつ》を勢力下におき貢物《みつぎもの》を持参させたのである。そして、西域諸国を味方に引き入れようとして、裴矩を敦煌《とんこう》に派遣し、高昌国の麴伯雅王《きくはくがおう》やその他の国王らを説得して、西域の商人たちを隋に入国させたので

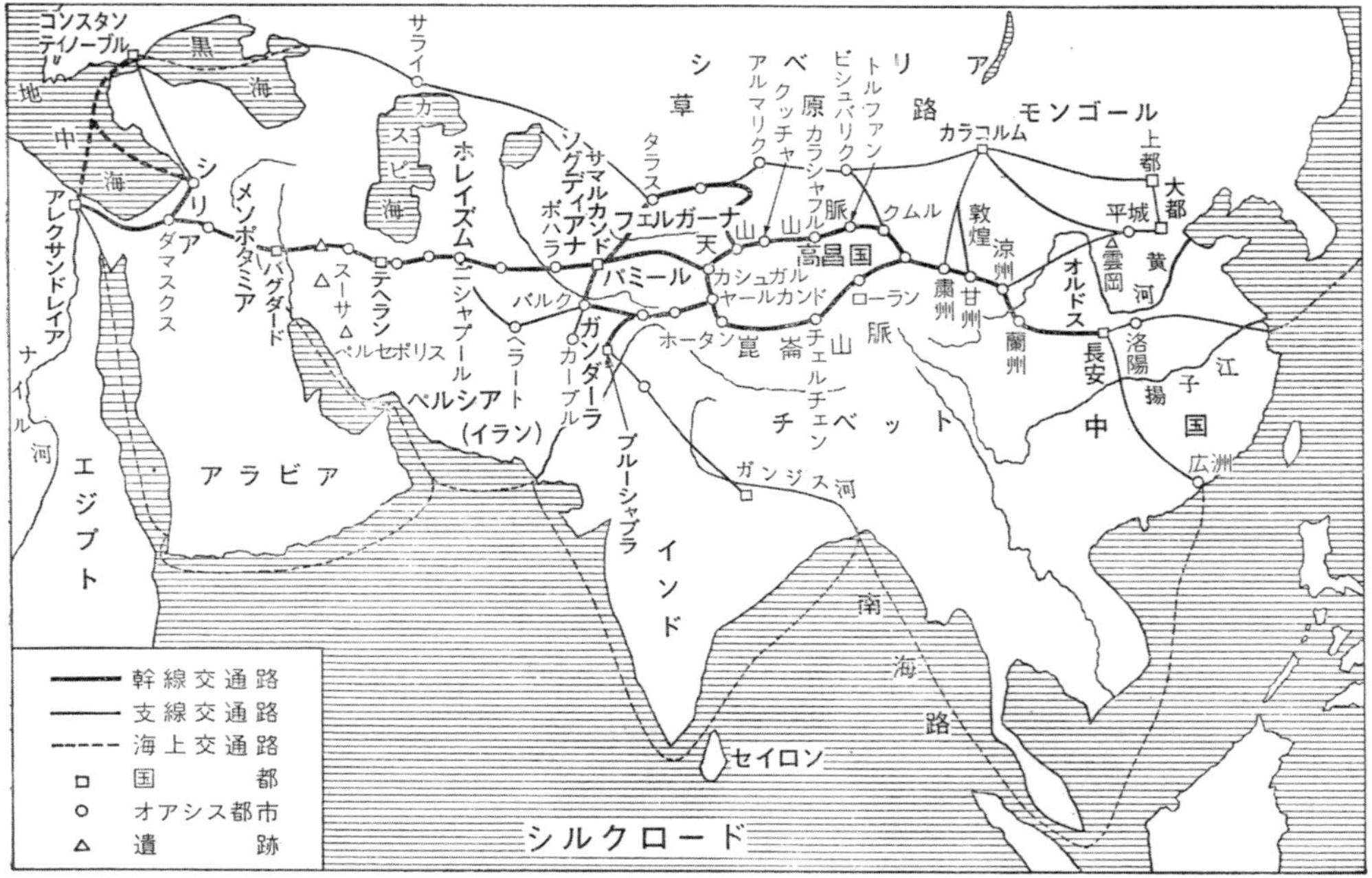
コンスタンティノーブル
黒海
地中海
サライ
カスピ海
シベリア
草原
路
モンゴール
カラコルム
上都
大都
平城
雲岡
黄河
シリア
ダマスクス
アレクサンドレイア
ナイル河
エジプト
メソポタミア
バグダード
スーサ
ペルセポリス
テヘラン
ホレイズム
ニシャプール
ヘラート
ペルシア（イラン）
アラビア
ソグディアナ
サマルカンド
ボハラ
タラス
フェルガーナ
バルク
ガンダーラ
カーブル
プルーシャプラ
パミール
天山山脈
アルマリク
クッチャ
カラシャフル
ビシュバリク
トルファン
クムル
高昌国
カシュガル
ヤールカンド
ホータン
崑崙山脈
チェルチェン
ローラン
チベット
敦煌
粛州
甘州
涼州
蘭州
オルドス
長安
洛陽
揚子江
中国
広洲
インド
ガンジス河
セイロン
南海路
幹線交通路
支線交通路
海上交通路
国都
オアシス都市
遺跡

シルクロード

四国対照年表

（太字はとくに重要な年）

	日本	中国	高昌国	ペルシア	その他
五八〇		隋の文帝即位(82) 隋の天下統一(89)		コスロオ二世即位(89)	
五九〇	聖徳太子摂政となり、四天王寺をたてる(93) 法興寺をたてる(96)				
六〇〇	官位十二階を定める(03) 十七条憲法を制定(04) 小野妹子隋に行く（第一回**07–08**）（第二回**08–09**） 法隆寺着工(07)	煬帝、大業元年(05) 裴矩の活躍 西域諸国を招致す(09)	麴乾固死す(01) 麴伯雅即位延和元年(02) 麴伯雅長安に滞在(09)	フォカスに対して討征軍をおこす。シリア、アルメニア、ガラティア、フリギアを転戦する	
六一〇		高句麗討伐(11) 高句麗降る(14) 隋の煬帝死す(**17**) 唐の建国(18)	伯雅高句麗討伐に参加 麴伯雅高昌国へ帰る(**12**) 麴伯雅死す(**19**)	ダマスク攻略(14) エルサレム攻囲(15) エジプトを降し、クテシフォンに絹織工場をたてる(**16**)	フォカス敗れ、ヘラクリウスェ帝位につく(10)

六二〇	聖徳太子斑鳩宮で歿す(22)	太宗即位貞観元年(27)	麴文泰の治世	ペルシアの版図最大となる コスロオ二世敗る(27) コスロオ二世殺さる(28)	モハメット、アラビアで勝利(29)
六三〇	遣唐使(31)			アラビア人、エウフラテス河以西を手に入れる(33) アラビア軍に敗る(39)	高句麗長城を築く(31)
六四〇	山背大兄皇子殺さる(43) 大化改新(43)		唐に亡ぼさる(40)	アラビア軍に敗る滅亡(41)	
六五〇			騎士紋錦(657年墓出土)		

ある。それまでの西域は、突厥の勢力が強く、中国との直接交渉は断たれていたといってもよい状態だったのであるが、ここにいたって、『隋書』裴矩伝によれば「高昌王、伊吾設等及び西蕃胡二十七国道左に謁す」というほどの壮観が、まさに六〇九年のときにあらわれたわけである。

当時、高昌国王の麴伯雅は治世八年目にあたり、六〇七、六〇八年と使を隋に派遣した後、六〇九年には自ら長安に来たのである。煬帝《ようだい》は麴伯雅に自分の一族の宇文《うぶん》氏の娘、華容公主《かようこうしゅ》を与え、東方はるか高麗征伐に従軍させ、六一二年に高昌国へ帰国させている。

この高昌国こそ、有名な絹の道「シルクロード」の東端にあたる。タリム盆地のなか、トルファンのオアシスにたてられた高昌国は絹の貿易では、（そして、文化交流の上で）大きな役割りをしめたはずである。

一九一二年に日本の大谷探検隊が、一九一四年にスタイン探検隊が、一九三〇年に黄文弼《こうぶんひつ》の率いる北西科学考察団の考古班が、それぞれ発掘をおこない、中国産の錦綾を手に入れたのは、このトルファン盆地高昌国のアスターナ墓地であった。

トルファン盆地

トルファン盆地は中国本土の西北端の町、敦煌《とんこう》から西北西七〇〇キロばかり、タリム盆地の東北端、天山の南である。東トルキスタンの他の町々は、みな天山、崑崙《こんろん》両山脈の麓の数百メートルの高さのところに作られるが、このオアシスだけがマイナス三〇〇メートルも急激に陥没した低地なので、主な町々はその中の海抜〇メートルばかりの所にたてられる。土地が低いから、夏には気温が異常に高くなり、また山々の雪どけ水を利用する人工灌漑が発達していて、豊富に農産物がとれる。『隋書』も「気候温暖にして、穀麦は〔年々〕再び熟し、蚕に宜しく、五果多し」と伝える。この豊かなオアシスは、中国に通ずる街道ばかりでなく、北に向っては、天山の北側に通ずる街道も古くからひらけていて、東トルキスタンでは、南道のホテン、西端のカシュガルと並んで北道第一の要衝として古くから知られている。中国に近く、天山南路に通ずる道もあるということは、この双方からの政治的圧力、ないしは文化影響をうけやすい立場にあることを示すものにほかならない。オアシスの王は、つねに中国の諸王朝か、もしくは北方の草原帝国の支配者かのどちらかに依存することを迫られていた。ふたつの強大な帝国から交互に圧迫をうけて動揺を繰返し、時には両勢力の均衡の上にしばしの平和を保つこともあった。

四世紀、いわゆる五胡十六国の時代に、河西の地方に興った国々——前涼《ぜんりょう》・後涼・西涼・北涼——は、それぞれこのオアシスに高昌郡をおき、刺史《しし》を駐在させ、中国本土とのあいだの貿易を盛大にいとなんだ。西域との交易こそは、これらの地方政権存立のための重要条件であり、そのためには、高昌郡は、これらの国々にはじつに大切なコロニーであった。四三九年に右の北涼国が北魏に滅されたとき、王族の沮渠氏《ぞりょうし》（匈奴人）は同国の貴族らをひきつれて、かれらと因縁の浅くない高昌国に亡命した。かれらは同じ盆地に従来からあった車師国《しゃし》（交河城に都す）をあわせて高昌国をたてた。首都は今日のカラ・ホージャ廃城である。これら漢土からの亡命者たちの支配者は何度か交代したが、四九八年に時の大臣であった金城郡出身の麴嘉《きくか》が王となってからは、六四〇年に唐の太宗に征服せられるまで、九代一四三年にわたって麴氏王朝が存続した。

この国はイラン系を主とする住民の上に漢人や匈奴人の支配者層が入りこみ、奇妙な複合文化の国が出現した。男子は北方風に弁髪をたらすが、女子は中国の服をきる。官制は漢風と突厥風とを併用し、漢文の本を土語で訓読し、ペルシアからきたゾロアスター教とインドからきた仏教とが並びおこなわれた。オアシスのなかには二〇余の町があって、そこを支配するために、王族が代官となって町々に派遣せられるが、こうして取り集めた租税をさらに上前をはねるための鉄勒の代官が駐在していた。このような複雑な制度、文物をもってはいたが、支配者が漢人なので、漢文化はかなり濃厚にとり入れられた形跡が、今世紀にはいってからの各国探検隊の調査によっておいおいとわかってきたのである。

トルファン盆地自体は当時豊かなオアシスであっても、元来、天山南路、天山北路ともに非常な悪天候、流砂の地としておそれられ、移動する大砂漠のなかに、いつしか埋もれ今世紀までのこっできたのである。

中央アジア探検の気風が世界的に興ってくると、京都・西本願寺の法主であった大谷光瑞猊下《こうずいげいか》は、東洋の文化国の人間として、また仏教の北漸本来の研究の一環として、欧米諸国に劣らじと雄大な探検計画を立てたのである。

そして数度にわたる大谷探検隊の成果のなかでも、橘瑞超《たちばなずいちょう》師が昔の高昌国のあと、アスターナの墓地で発見した錦綾は、まことに眼をみはるものがあったのである。

ミイラの錦

アスターナ古墳群は、カラ・ホージャの廃址の北東四キロばかりの丘陵地にあり、いまの地名は二堡《にほ》という。この古墳群はカラ・ホージャが高昌城として栄えていたときの同地貴人の墓であることはその墓誌銘にてらして明らかである。墓制は漢風で、磚《せん》または石製の漢文墓志をもち、葬られた人の姓名・籍貫《せきかん》・官号、ときには略歴を記し、または刻んでいる。その年代は、高昌国時代から唐の中期にわたっている。

吉川小一郎氏は『新西域記』に、その有様をつぎのように説明しておられる。

面覆い復原図

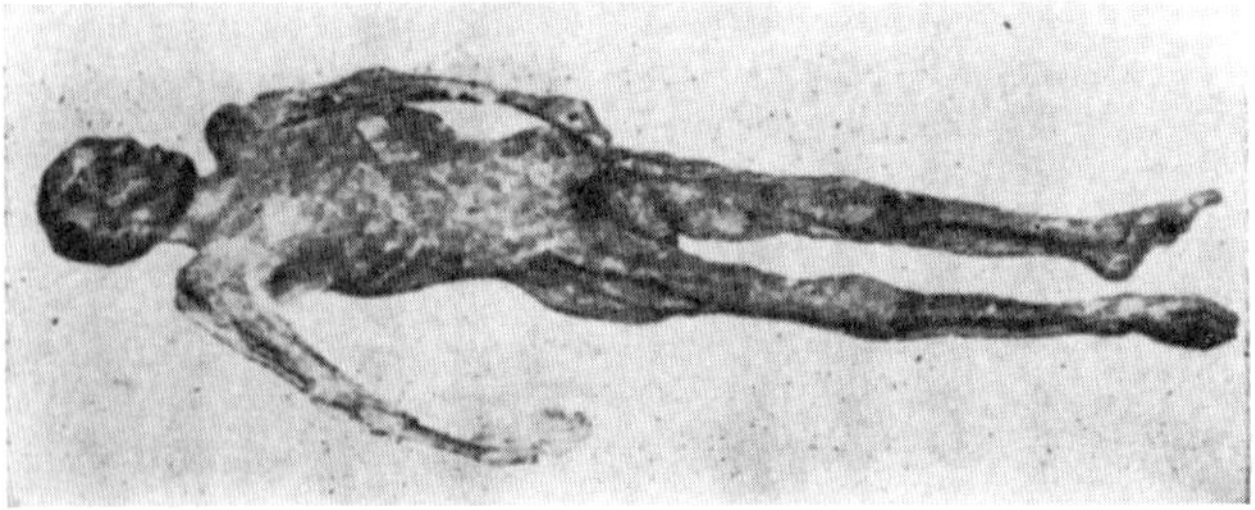

吐魯番出土ミイラ（男）

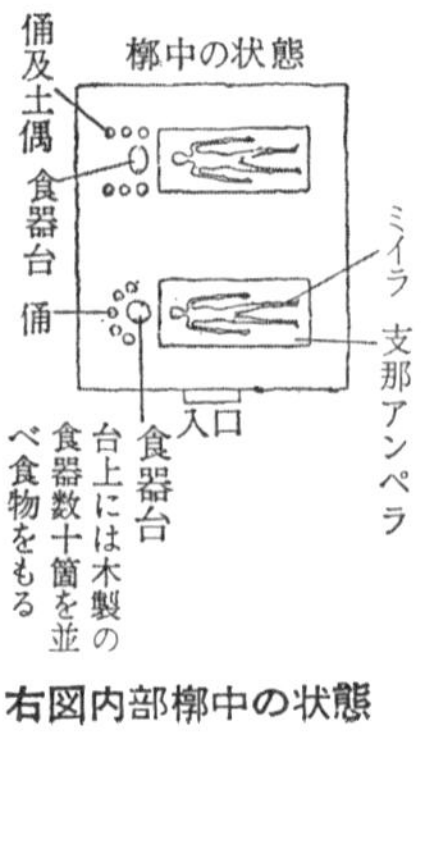

右図内部槨中の状態

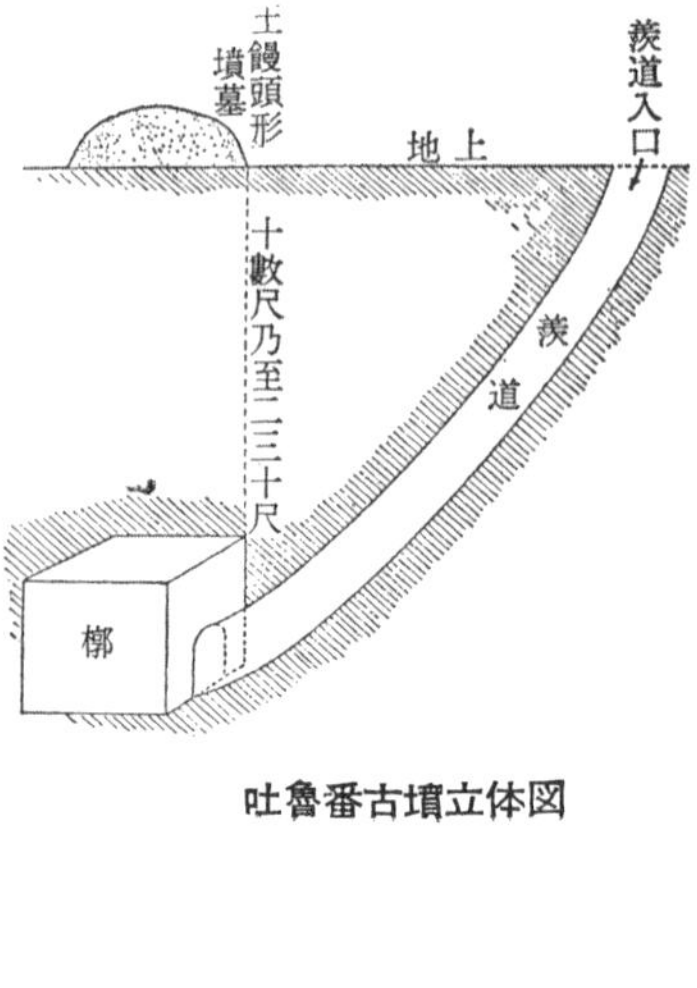

吐魯番古墳立体図

「木棺の上或は死体の上約二尺の高さにおいて蚊帳《かや》様のもの四隅より吊しあり此の蚊帳の上部則ち天井は絹地にて作り四方に垂れ居る部分は白絹或は白木綿を用ふ。上部絹地の表面に人首蛇身の神像画かれあり。此の絹地の大さは木棺大さと略同一なり。最も此の蚊帳の大部分は其の紐が腐敗《ふはい》せし為め落下して木乃伊《ミイラ》又は木棺の上を覆ひ居れり。稀れに完全に吊され居りしものを発見せり。木乃伊は夫婦のもの多く、稀れには小児が両親の枕頭に置かれあるを見る、而して小児の衣服・玩具・轎子《きょうし》等が副葬しあるを見る。

アスターナ古墳出土の猪頭文錦

又高官の人々は其の在世中の辞令書其の他が巻き納められて、棺中に保存しあるを見る。其の枕頭には木製の食器に果物・米・饅頭《まんじゅう》・其の他の土偶等を配置せり。木乃伊は足を展ばし、両手に杵形の小木片を握り、十数箇の真珠を糸にて繋ぎたるものを口中に含ませて薄鉄板に小孔を穿《うが》ちたる眼鏡を両眼に懸け、其の上に顔面を錦の裂地にて覆ひ、沈香を入れたる枕をなし、又高貴の人と思はるる槨《かく》には、左右副室ありて、其の槨内に葬送の用具一切を入れあり。」

またミイラ自体については、橘瑞超氏が大正四年「人類学雑誌第三十巻第五号及び第六号」に次のように報告されている。

「さてミイラ其物に就きて観察して見ますと頭は簡単に髪を結んで、男には顎髭《あごひげ》と口髭とがありまして、面部は絹の布で包んでありました。又枕もさせてありました。女の方は下に色の絹ものが着せてあり、上には白の絹のものを着せてあります。左前にして縫うてあります。又男の方は、紺色で地の強い着物を着せてありまして、下には白い布で巻いてあります。此着物は左の肩の上でボタンで止めてあります。これが概略であって、別の墓は必ずしも同一で無く……」

また清野謙次博士は旧関東庁博物館の解説書につぎのようにのべている。

「然し此紋様をミイラの顔覆ひの錦裂れに織り出されたるササニアン式の紋様（スタイン氏中央アジア中のアスターナ墓地発掘の古裂れの図参照、一六五頁）及び我邦法隆寺やら正倉院に保存せらるる古裂《こぎ》れやら、敦煌《とんこう》発掘の古裂れに見出さるる狩猟文様等の外廓《がいかく》に施されたる円形の連続文様と比較する時、此土器の彩色が当時に流行した織物紋様と共通の類似がある事を察せられる。

男子は多く麻と覚しき粗い外套を着けて居る。染めて無いか、又は藍色の外套である。筒袖で文官土偶の服装によく似て居るが前面は縫ってしまってあって、脱ぐ事が出来ない様に見える。(然し前文橘氏報告によれば肩から脱ぐ様になって居るものらしい。)

女の服装も非常に土偶に似たものがある。袴を着け、前方に布れを垂らして居る様子が唐代土偶にそっくりである。図の一つはミイラと共に出た女俑で、旅順博物館蔵品である。他の一つはやはりスタイン氏がミイラと共に発掘したもので、これは肩掛けに似た裂れを肩から垂らして居る状態が後述第五号ミイラの服装に酷似して居る。

但し第五号ミイラは倉庫中に蔵されて一般観覧に供されないのが残念である。

流石《さすが》に女の服装には赤やら紫の染物が使用されて居る。然し男女共に同色か淡黄色の衣服が多い。後者は恐らく黄色に染めたのではあるまい、年月を経ると共に黄色に変化したものらしい。色著けされた衣服としては黄色のものが多い。

男女共に、絹の衣服が普通である。荒絹があり、練り絹がある。薄い平織も厚い平織もある。紋様を織り出した綾や或は羅がある。その中の或る品は正倉院裂れ、又は法隆寺裂れに酷似して居る。

顔面に錦の切れを覆ったミイラが少くなかったらしい。その証拠にはミイラの顔面に錦の小片の付着したものがある。然し錦の裂れの保存せられたものは少数である。これはミイラ室に陳列されている。

足には足袋を履いて居る。又組み糸で編んだ履物、皮製の履物をはいて居った例もある。足袋にはウイグル文字の記しがあるのが一例あった。

足袋をしばった絹紐の結び方、及び胴を結んだ組み紐の結び方はいづれも今日の支那人の行ふ所と等しい。衣服は大てい単衣《ひとえ》か、高々袷《あわせ》である。綿入れを見無い。

割合に薄い絹布を縫ふのに不相応な太い絹糸を使って居る。そして衣服の縫ひ方は、平縫と纒ひ縫との二つであるが、糸の太過ぎる為めに裂れ地の方が敗けて波状を呈して居る。衣服の裾の三つ折りぐけにする部分は、今日ではくけて衣服の表面に成る可く縫糸を露出されない様にするのであるが、当時に於いて三つ折りにして平縫いにして居るために、縫ひ糸が衣服の表面に露出して見苦しい。つまり此時代に於ける裁縫は極めて幼稚だったと考へられる。

婦人の頭髪は簡単に束ねて根元を細長い絹布で縛ってあるに過ぎない。土偶に見る様な結髪を見無い。恐らく死者には生前の如き結髪を行はなかったのだろう。之は男子に於ても同様である。

木綿の使用せられて居ることが少ない。然し坊主枕が一つあるが白木綿が使はれて居るし、京城博物館にはミイラ二体中の何れに属せるか不明であるが、兎に角白木綿がある。木綿糸が太くして織りが精巧でない。旅順ミイラの二例には顔面部と陰部とに綿花があててあった。

元来綿花の産地は印度に初まると考へられて居る。絹は支那が原産地である。綿は奈良朝に一度日本にも渡来したが中絶して、徳川時代に再渡来したものである。此ミイラ生存時期には無論支那では綿の栽培が行はれて居り、しかも其渡来は中央亜細亜を経過したものであろうが、木綿の立派なものが無く、其使用も振はなかったものであろう。

敷物らしい粗い編み物がミイラに付着して居る事がある。何植物の繊維であるか未だ研究出来ない。京城博物館には獣毛の組糸の粗い織物がある、敷物だったかも知れない。又木綿、麻、毛の紐は帯だとか靴の材料に使用されて居る。」

以上に引用したところは、発掘の状況と、その後の調査の結果とに関してわれわれの知りうることのすべてである。発掘関係者に直接質問しても、これ以上の細部については記憶をよび起してもらうことはできなかった。

それにしても、中央アジアの盆地の古墓の中では、千数百年の歳月を経たにもかかわらず、一切の残存状況はきわめて良好であり、その染織品は思いのほかに豊富である。しかし、それらの発掘品の大部分は、今日われわれの眼にふれるところにはなく、われわれが調査できたものは、竜谷大学図書館、橘瑞超師、東京国立博物館、天理参考館の四ヶ所に散在する裂類にとどまる。調査した点数、いいかえれば大谷コレクション中の日本国内にのこっているものは、点数こそ少ないけれども、一四〇〇年の歳月を経たものだけに、織物史上、ないしは文化史上その価値は決して少なくない。スタインの報告書は世界中の感嘆の的となったが、大谷探検隊のもたらした錦綾は分散し、研究の道が閉ざされていたのである。従来は、本コレクションの織物類についてはまったく研究調査が行なわれたことはない、といってよい状態である。右に引いた記録の類との完全な照合も望めない今となっては、はなはだ不満ではあるが、ただ一々の遺品についてのみ研究する以外に方法がない。

竜谷大学の錦

数年前、㈠竜谷大学図書館所蔵の錦綾数片をてん延し、分類したのが機縁となって、その後、㈡橘瑞超氏所蔵の数片を見（半ば調査）、㈢東京国立博物館所蔵の三百数片、および㈣天理参考館所蔵の数十片の標本を中山教主の厚意によって研究することができたのである。それらが現在所々方々に散在している実情から考え、この五〇年の間に所蔵家から所蔵家の手へ移っているのだから、まだ私の見ていない裂《きれ》は相当にあるだろうと思う。そして、私の調査した裂類についても、それに貼付された記号や書き入れにいろいろと作為の跡がみられるから、標記等をそのまま、信じるわけにゆかない。したがって完全な大谷探検隊の錦綾布帛《ふはく》のリストを作成することは、現下としては困難をきわめている。ただし、それらは原ミイラの着衣の一部の脱落した残片であることが多いから、これを織物の組織から検討すると幾つかのグループにまとめられる可能性があり、さらにそれをミイラ本体の着衣と符合させたならば、ミイラの標記等との照合により、錦綾類の製織時代も明らかになる可能性はのこっている。

また、大谷探検隊以後にスタイン博士のアスターナの発掘があり、黄文弼の高昌国跡発掘があって、これにコズロフ教授のノイン・ウラの漢錦発掘等の資料が加わっているから、これらを傍証として照合研究することができれば調査はしだいに有利に展開するものと確信している。

これら竜谷大学図書館所蔵のものはアジア中央奥地における七世紀以前の重要な錦綾であるから、少し専門的にもなるが、一応、専門的な説明をしたい。

一、白茶地連璧天馬文錦　残欠(絹)

縦長九センチ、横長八・五センチの中央に鋏による切込みのある残欠である。白茶地に上下四方枡形入り、六ツ星の連璧文である。左右対称形に天馬と思われる動物文(三・五センチ)が織りださ

朱ざめ地連璧鳥形文錦（左の上部）と白茶地連璧天馬文錦

れている。「経込ミ」は八〇枚二ッ入、「緯打込ミ」一六〇枚五丁で、組織は片流れ三枚綾である。経糸および緯糸の撚りは、平撚りである。したがって地風は柔らかい。

二、朱ざめ地連璧鳥形文錦

縦長三・五センチ、横長三・五センチの朱ざめ地の断片で、一の裂と縫合されてつながっている。鳥形が中央に織りだされて、たぶん三二個の円文が外輪円文のなかにあったと思われる。織物の性質は経緯・組織・糸使いともに縫合わされた天馬文と一致する。が、文様の巾がはるかに小さい（二・五センチ）。また外輪円中に入子枡形はない。

この二つの錦は、ともにわが正倉院御物と同じ文化的性質をもっている。

三、紺地八弁花文錦（絹）

縦長一六センチ、横長五・五センチのあざやかな紺地に華文（八弁花三対）が朱茶・白・緑・紫などで織りだされている。経込みは一〇〇枚、緯の打込みは一二〇枚、組織は片流れ三枚綾の断片である。その中の緑と紫は「切リカエ胴」で織られている。正倉院の経糸の錦にこれと非常に近い華文があるが、これは緯糸の錦である。そしてこの錦の花文の方がやや柔らかな唐朝様式に近づいているように思う。

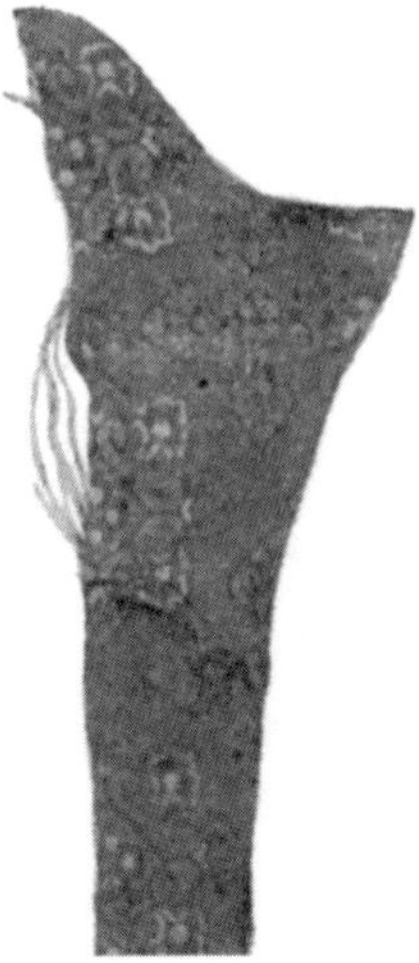
紺地八弁花文錦

花鳥段文錦

四、朱地連璧天馬文錦（絹）

縦長一三・五センチ、横長一〇・五センチの朱地の連璧文であるが、経糸が八〇本のコミではあるが、組織に「半通ノ畝」をまじえてゆるく織ったために地合がしまっていない。しかも経糸が「二本引キ揃エ」にしてあるから、ますます地風はあらくなっていて、柔らかではあるが組織としては一応粗織りといえる。したがって天馬の形も緯糸、経糸がゆるく左右に不安定で正確につかめない。しかし、その文様の形式は私には初期的な強靱さをもっているように思われる。

五、花鳥段文錦

縦長二三センチ、横長一六センチ位の断片が横裂けになってのこっている。この錦は、Ⓐ経糸の錦か、Ⓑ横段織三丁錦であるか、同錦裂の織耳がみつからない限り、二つの方法とも同様に織り得るから、簡単に断定できない。

Ⓐの場合は、経を仕掛ける時に、いろいろの経糸を間道風に並べて（縞経）織り出すから量産に適するが、Ⓑの場合だと、いろいろの彩糸を手下において一段一段、色をかへて自由に織ればいいのだから、結果として、よりロマンチックな美的効果をあげることができる。この小紋多彩段文と同系統の錦は正倉院御物に十数種存在する。長斑錦（Ⓐの錦）とともに古代の装飾の一つの様式である。暈繝《うんげん》装飾的効果にはなくてはならぬ錦なのである。

幡《のぼり》の額裂や衣裳の袖口等にさかんに用いられている唐朝ころの流行の一つである。

六、紺地文字入新月文錦

紺地縦二四センチ、横一五センチ許りの断片である。これは経込み一四〇本、緯込み二八〇越の「片流レ三枚綾」の錦である。新月形の織文は白糸、文字形の中には赤染めの跡がのこっている。

その紋巾は七・五センチ、紋丈は五・五センチで他の錦と織風が異なっている。それは地経二本に対し搦み糸一本が織り込まれているためであって、地風は厚い。文様の文字はソグド字とすれば、その一つは dzil と読むらしく見えるが、もう一つの反対向きの方はまったく字を成さない。新月形の織文は砂漠民族的意匠である。生地も厚く、乗馬民族的な織物である。

七、四色格子平織

この格子織は元来薄地であり、生糸織であるためにほとんど手が触れるごとに破砕して断片化している。しかしこの平織の布は縞風に並べられた白茶・赤・茶の経縞に、赤・白茶・茶・黄等の緯糸を段に織り込んだ色彩効果の美しいものである。中国古代服制に「錦の上にうすものをまとふ」という風俗がある。また事実上、黄塵万丈の大陸の砂嵐を避けるために、表面軽装としてきわめて軽い、色の豊富な平織が好まれたようである。

八、暈繝菱目織

この暈繝《うんげん》菱目織は約二〇色からなる縞経に対し「生糸ヌキ」(二〇〇越)をゆるく織って虹のような美しい極薄地菱目の織法をなしている。

この平織もその使用糸が「生ヌキ」であるために現在非常に壊れやすい状態である。しかしその色彩効果はじつにすばらしく、中国上代の卓越した色彩感覚をしめしている。用途は第七のようにうすもの扱いであっただろう。一〇枚の文のあげ方で菱目を織りだしている点は織技上歴史的にみて意味深いと思う。

九、蘇芳地魚子纈カトリ

いわゆる、童子衣服に縫合されて、正確な四角形ククリ染（魚子纈）の切がある。従来魚子纈《けち》の形態が丸い物はより新しく、角のあるものはより古いといわれている。それは糸で布をしばる時、そのしばり技術が正確であればあるほど角が立つからである。その点からみてこれはくくりの角が立っていて、非常な技術のさえをしめしている。

一〇、臘纈羊毛織断片

この切は、現状巾三七センチ、縦四センチの巾状で残っている。経数四〇、緯三五というあらい平織布であるが、茶の唐草をアイ地に染め抜いている。その唐草の全貌は知る由もないが臘纈《ろうけち》の「上り方」は正倉院の粗布の臘纈に近い効果をもっている。

一一、童子衣服一裲

吉川小一郎氏の報告にある童子衣一裲と思われるものが竜谷大学コレクションに残っている。月桂樹のように枝を円くした襟があって、それを中心に白い絹布が折り畳まれて、断片化しようとしている。この衣の特色は美しい縫文様がのこっていることで、黄・紫・白・緑・赤等の半月形縫文が五ないし六箇ずつ一列に縫われた部分と、いわゆる「さがら縫」の方式で宝相華らしい華文がところどころにのこっている。この華文の色調はとくに美しく、しかもいちじるしく、インド・イラニアン的な印象をもっている。幼児の衣があって、ミイラがないことは、両親の死亡に際して、衣のみを埋葬した風習をしめしている。それと半月形や華文の刺繍のあり方に高昌国人が、中国系ではあるが、中国本土と異なった文化内容をもっていたことを暗示している。

墓誌銘などにみる高昌国人が中国人らしくかかれておりながら天理図書館標本の頭髪、陰毛、腋毛が茶褐色であることによって、この地の人種的文化的複雑性を考えねばならない。とくにこの中国風桂衣《うちかけ》が形式において中国的印象をもつ一方、その刺繍が中央アジア的もしくはイラン―インド的であることはわれわれに深い疑問を提出しているように思う。

花樹対鹿錦

さて、これらの錦綾のなかで、もっとも中国と高昌国の関係を明示する貴重な錦綾が一つある。

橘瑞超師所蔵の花樹対鹿文錦全図

それは橘瑞超師所蔵の錦裂である。織物技術上きわめて高級な品質のものである。縦二四センチ、横一五センチの楕円形の錦であって、中央に大鹿と樹木が織りだされ、サッサン・ペルシア特有の太い外輪円文の中に円文が五個、方形の入子枡正方形が上下左右に見え、左上隅にギリシアのアーカンサス十字唐草が四分の一より少し欠けてみえている。

この錦の特色をなしているのは、中央樹木に「花樹対鹿」の四個の漢字が左右屛風形式に織りだされていることである。よって以下これを「花樹対鹿錦《かじゆたいろくきん》」とよぶことにする。この花樹対鹿錦をみて、だれしも想起するのは相似の左右対照文様の錦がわが法隆寺に伝来することである。それこそかの「四天王獅猟文様錦」である。前章でくわしく述べたあの錦である。

残存する花樹対鹿錦を展開してみたもの

　花樹対鹿錦は楕円形に切られてある。それは死者（ミイラ）の面覆いのために、大きな錦から切り抜かれたためである。アスターナの墳墓ではつねに死者が錦の面覆いをもっていたことは前記発掘者の諸報告にみるとおりである。そして楕円形中に三カ所の破れ穴がみられるが、よくみると穴の周辺がくろずんで、穴は血液等による腐蝕によってあいたものであることを示している。その腐蝕箇所を見ると両眼および口の三カ所および真額にあたっていて、これが面覆いである証査をのこしている。人面大の大きさに切り取られたものではあるけれども、この外縁の円文は錦の文様の四分の一にあたる。花樹対鹿の二対の文字はその所から左右「観音ビラキ」に文様が織られていたことを示している。だから、これを展開すると一加間の文様の八割近くまでを復元することが可能になってくる。こうして復元した花樹対鹿錦は獅猟文錦とともにいわゆるサッサン様式の錦であり、しかも顕微鏡で詳細に見ると、織技の専門的見地から考えて非常に共通性があることを発見したのである。その理由を指摘しよう。以下法隆寺の四天王獅猟文錦をAと、高昌国の花樹対鹿錦をBとそれぞれ略称する。

(1)　ともに屏風機構を用いた五丁の緯錦である。

「屏風」という機構は「並列」という機構にたいしていう。屏風機構は文様のある点が中心になって、その経糸の一本の線（屏風の底）からすべての糸が左右対称にあやつられる。したがって、文様も文字もすべて左右対称「観音ビラキ」になる。この技法が用いられるのは、文様をあやつる糸の仕掛が「並列」に比較して、全幅の半数の仕掛で織りだすことができる。したがって左右対称で大紋の図様を織りだすのに適している。いわゆるサッサン様式の○と十の基本型によって組まれた織文の中で大紋様、大形のものはこの左右屏風機構で織られるのが常である。しかしこの二つの錦AとBはともにこの屏風機構によって織られているのである。なお緯錦というのは、後に「正倉院の錦」で詳しく説明するが、経《たて》糸を中心とする経錦にたいし、よこ糸で文様をおりだす手法の錦である。

(2) 文様を織りだすべき基盤になっている地風においてともに「片流レ三枚綾地」の緯錦である。

この地風の組織は織錦を考案する者（古くは綾《あや》の司《し》）各自が、各々得手とする糸の組み方があって、出土するいろいろな錦の技法についてみれば千差万別である。しかるにこのAとBはともに「片流レ三枚綾」である。地組織の一致は、織錦にたいする美的効果をあげる基礎の考案が一致している現象なのである。すなわち少なくとも同一の流派ないし同工場での製作であることを示す。

(3) 図様にたいする経緯の比例が近いこと。

サッサン様式の外輪円文は、図様が考案された時は正円形である。いまAもBも円が縦長になっているが、それは緯糸の打込みが「間ノビ」したからである。だから、本来これが考案された原形に復原して考えねばならない。その状態においては経糸の密度（込み）と緯糸の密度とは、つぎの表のようになる。

組織＼裂	A	B	A/B比
経込ミ	一〇五・六	八八	一二〇
緯込ミ	八六・四	七二	一二〇
経／緯比	一二二	一二二	

すなわち原形である図様は縦長一二〇対横長一〇〇の文様であったことが割り出される。この矩形の比例が修正された原形であると同時に、その比例にするとタテ一本とヨコ一本の比率が升形（正方形の方眼紙）の上で割り出されたことをしめしている。すなわちAとBは同じ基本単位形の構造にたっている。すなわち元来矩形である図様を正方形単位の経緯の組織によって織文にしているのである。

この図様を織文化する考案方式（経糸と緯糸の比例）およびそれを織り組む方法（片流レ三枚綾）がともに等しいということは、技法上、五丁の緯を織って文様が形成されてゆく方法が等しいことを意味する。かくて錦の織法が等しく、考案方法も等しいという事実は、その設計者が同じ伝統のなかにあり、同じ考え方をしたという事を両錦の関係において立証できる。

(4) 文巾にたいして「アヤツリ」の糸数がほぼ正比例すること。

現在獅猟文（A）は文様の釜巾がほぼ測定できて、これにたいするあやつりの糸数を数えることができる。それは先述の屏風機構においては屏風の底から次の底までの糸数を数えることによって屏風機構をあやつる仕掛の（綜絖の）糸数（口数）が判明するのである。Aの場合はこの口数が現在の紋の口数で「六百六十四の口」に相当する。すなわち六六四本のあやつりの糸の機構でAは正しく織りだされるのである。

これにたいしてBの場合、文様がかけているから文様の巾は一応不明である。しかし、外輪円文の中央の正方形の真中を中心として一つの「屏風ノ底」が定まり、他の中心を一〇〇対一二〇の比例で紋巾と紋丈の関係を割り出してゆくと紋巾が二六・八センチとなる。この紋巾を紋の「アヤツリ」糸の口数に計算すると「四百四十ノ口」にあたる（備考　スタイン博士アスターナ発掘の中にある対鹿錦（C）はほぼ「三百三十二ノ口」にあたる）。一見Aは大きくBは小さいけれども、機の糸仕掛の基礎になっている数学的法則は同じである。すなわちAとBは、「筬ノ羽数」を細かくし、Aの「三分ノ二」のあやつり仕掛に交換してしまえば、Bは製織できるのである。この機構の数学的基礎の一致はAとBが、同じ工場で織られた可能性が濃厚である。

(5) 染色上の一致について。

AとBは、ともに濃藍・赤（現状茶色）・白（現状白茶）・黄（現状黄茶）および緑が共通であって、青がAにあっては鼠がかった青（上の馬）とそれよりもやや濃い青（下の馬）が織られている。Bはそれにたいして、さえた青（五度程度）が織られている。現状は褪色して赤は茶色、白は白茶、黄は黄茶になっている。この時代の染色はみな植物染めである。そのために

藍――藍
赤――紅・茜
黄――くちなし
緑――藍・きはだ・かりやす
青――藍

等の染料を用いているから、染出され褪色して色調が一致するのは時代が同一であるからである。とくに赤の褪色した地色がともに同様な紅茶色になっている点は染法の一致を示している。

(6)　配色上の一致および差違。

AとBとは外輪円文がともに藍である。地色が茶（原色は赤）である。外輪円文中の円形は白茶（原色は白）である。それにアーカンサス十字唐草の藍および緑の用い方もほぼ等しい。また外輪円

文中の「正方形入レ子枡」形の配色も順序は変化しているが、その考え方は五丁の緯色を組み合わせたもので、ほぼ一致する。以上のように織文全部に通っている四色（織る場合の杼《ひ》の数が四丁全面に織組まれているのである）はAもBも一致する。その他の一丁は「切リカエ胴」になっている（「切リカエ胴」というのは織文のあやつりが同じでただ杼にさし入れる糸を色をかえて織る方法）。Aは上の天馬と下の天馬および中央の樹木の緑がともに「切リカエ胴」（三色）である。Bは上の中央の樹木の緑と鹿の角の黄緑および対鹿のさえた青とが「切リカエ胴」（三色）である。この織り方は俗に「四丁通り一丁切リカエ胴」の技法であって、AとBの配色考案上の一致が見られる。すなわちこの二つの錦とも配色技法上、色糸の使い方が同じである。

(7) 文様構想の規範の一致。

一般にペルシア様式といわれる織文構成は、〇と十の組みあわせである。その〇すなわち中央円形の周囲に外輪円文を置くことは一般もAもBもみな共通である。しかし、㈠その外輪円文の上下左右の中央に「入レ子枡形」に正方形（正しくは矩形）があること、㈡外輪円文中に五つ（一単位五、全体では二〇個）の円形が入っていること、㈢四隅にアーカンサス十字唐草を組み入れること、㈣そのアーカンサス十字唐草が形式上一致すること。以上の四つの規範（型）の一致は、あるいはこれらの錦を織りだした工場の象徴ではないかと疑われるほどに、形式的、内容的に一致している。

(8)　左右対称の中央に樹木をおく動物文様である点の一致。

左右対称に（すなわち織物の屏風仕掛によって）図様が織り出されているとき、その中央に生じる空間に描き入れるべき形態は、非常に制限される。ここにAとBのサッサン様式は上びらきの花樹を考案した。花樹を考案することによって動物対植物の総合をこころみつつ、左右対称で、しかも写実性に富んだ円形図様を織ることに成功したのである。しかして上下対称は放棄され、織文の上下が確定した。上下が定まることによって写生がとりいれられた。この発達した写実的図様である点でAとBは視様式展開上の同時期の物である。

(9)　四隅のアーカンサス文様について。

かつて獅猟文（A）を法隆寺で発見したフェノロサ教授および岡倉天心は、Aの四隅のアーカンサス十字唐草がギリシア直系の文様であることを指摘して東西古代文化交流の証査とした。それがサッサン王朝の信仰と関係ある外輪円文の四隅に存在することは、サッサン王朝の文化の中に深くヘレニズムの要素があることを示めしている。それは紀元前後には、ローマ帝国より、よりギリシア的であると自負していたセレウコス朝やトレーミ朝のヘレニズム文化のあり方を暗示している。

花樹対鹿文錦部分（円周文及び十字唐草文）

四天王獅猟文錦部分（円周文及び十字唐草文）

四天王獅猟文錦十字唐草文

花樹対鹿文錦十字唐草文復原図

さらにすすんではサッサン朝はセレウコス的ギリシア影響より脱して、古い砂漠民族的宗教にたって国をはじめたのであるが（拝火教的、崇天体的）、しかもなお、深くギリシア文明の要素がのこっているのである。

いま、AとBのアーカンサス十字唐草を見れば、㈠その植物の曲線《カーヴ》構成の形成、㈡中央の菊花文様、㈢その周囲の小外輪円文が等しい点、㈣十字型にアーカンサスが結びつく紐のあり方等、各要素が近似するだけでなく、その形体の弾力性に富んだ描線（この場合は織物文様形体特有のハツリの点線）のあり方まで一致している。アーカンサス唐草自体の美は植物の生長するリズムの曲線を所々葉の形体としてほとばしり出

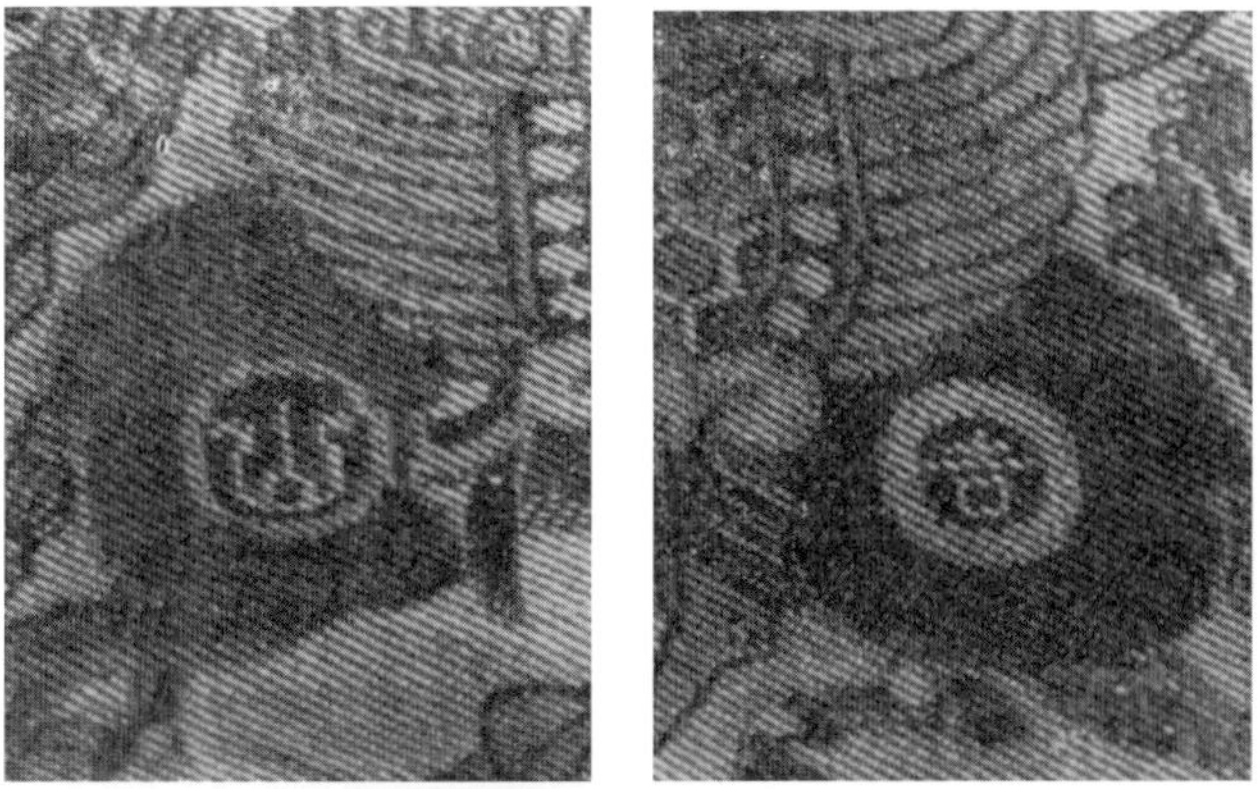

四天王獅猟文錦織文化字体部分図

させながら、最後に中央上部の若芽に結びついて終る点にある。このAとBの唐草はそのリズムがとくに生き生きと描出されている点において、他の力の抜けた多くの模倣的なアーカンサス唐草と異なっている。それは自由と正確さと力感とに富んでいて、純粋なギリシア的手法を想わすのである。天馬と大鹿というように中央円の中

花樹対鹿文錦織文化字体部分図

の主題は異なるが、このアーカンサス十字唐草において呈示されている様式内容の近さは、AとBが、ほぼ同時代であるばかりでなく作者さえ同一と見るに足るほど近似的であるといってよい。したがって、この両錦は非常に近縁的な錦（同時代同処）であることを織錦の技法上、ほぼ立証しうると思う。

⑽　ともに漢字を錦文様中に織り込むこと

中国の錦が他の工芸と同様に銘文や吉祥文として漢字を文様に組み入れる習慣のあることは鏡や漢錦に見られる通りいちじるしい特色をなしている。この二錦についてもAは上段の馬腰に山の字が円文中に織られており、下段には同様にして、吉の字が織りだされている。Bの錦は中央の樹木に花樹対鹿の四字が木札を幹にかけたように織られて、それが左右対称に展開されて、中央の図様ができている。

この文字を織りこむ目的は知る由もないが、現代にのこってみると、これが「両錦が中国の製織品である」という動かしにくい証拠になっている。中国でなければ漢字を巧みに省略したような字型を織りだすことはできない。このような漢字文化に関する文化能力は中国以外には求められない。あるいはむしろ、中国製織を明示する目的をもって文様に漢字を入れたとも思えるのである。

スタイン発見のアスターナ出土錦

隋の錦

こうしてみてくると、高昌国出土の錦、B（花樹対鹿錦）が日本に伝わったAの錦（法隆寺の四天王獅猟文錦）といろんな点で一致する。とりもなおさず前章でふれた日本―隋―サッサン王朝の中間に高昌国の存在が考えられる現象である。したがってこの関係は当然、日本―隋―高昌国―サッサン王朝の四国を通じる関係と考え直さねばならない。まして、中国では本章の最初にふれたように、六〇九年に高昌国王自身、長安の都にやってきていたのである。

近ごろ中国の雑誌『文物』に発表された武敏氏の説によれば、アスターナ出土の錦綾は、その墓誌銘によって西魏（五四八年）から唐（六七二年）までの錦綾であることが明らかである。ミイラの主人公高昌国人がその錦綾を入手、使用した時期はそれ以前でなければならないから、出土錦綾の大

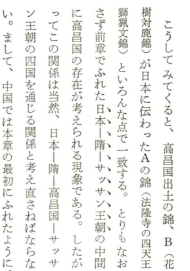

部分は隋および初唐の作品である。ことに六〇九年の高昌国王麹伯雅の朝貢、六一二年の高麗遠征およびその帰国前後の時間こそ、もっとも立派な隋錦が西へもたらされた機会なのである。もっとも高昌国において、錦が織られる可能性はあるけれども、ここの問題であるAの錦、Bの錦のような精妙な織錦をつくることができたとは考えられないから、高昌国をめぐる時間的要素も、Bが隋錦であり、Aとともに同じ隋の工場で織られたことを裏書きするものなのである。

ところで、麹伯雅も六一九年に死去し、その子文泰の治世になって、隋の後をついだ唐朝としばらくの間は一応の友好関係を持続するが、やがて六四〇年には唐にほろぼされてその独立性は失われてしまうのである。

したがってここにも微妙な時間的制約があって、Bの錦が六〇九年前後の作品である可能性はひじょうに強く、すべては隋の煬帝の国策が生んだ現象のように思われるのである。

以上のように、AおよびBの錦が、隋の煬帝前後の「隋錦」と仮定してみると、その系統のすぐれた錦が他に二例アスターナから発見されている。

ここに同種と私が考える特徴は

①　アーカンサス十字唐草

② 外輪円中に五個の円文と上下左右の四ヵ所に入子枡形方形文をもつことと

③ 片流れ三枚綾地の錦

三点であるが、この特徴こそ煬帝関係の織匠特有の象徴的な作品形式だと思われるのである。この見地からみるとスタイン発掘の中に一裂、対鹿錦(C)があり、最近報ぜられた中共の黄文弼等の発掘中に騎士文錦(D)がある。この二例がいずれもアスターナから発掘せられ、ことに後者は顕慶二(六五七)年の墓誌銘のあるN三三七号墓から出土している。

すなわちこの二例の概況は(C)の錦はBの錦から花樹対鹿という文字を省略したようなものでいちじるしい近似性があり、かつ機構上その糸数がAの錦の正半分のアヤツリで織られており、組織の考えが数的に一致している。また、(D)の錦は写真からみてその文様はAの錦と近似し、その織巾、地風はほぼBの錦と同じとみられる。したがって、A・Bとともに、C・Dの二つも隋錦とみられる。しかし、これら二つの錦について、くわしく調査することは今後の課題である。

ボロの錦

しかし、それにしても、清野博士の説によれば、高昌国出土のミイラは東洋人的な骨格ながらも強靱な体躯であり、着衣も埋葬状態からほとんど疑問なく再現できるのである。そしてミイラが顔につけている面覆いの錦は、こんなにすばらしい立派な錦をつけていたのだ。そして錦だけでなく、綾も、下着の麻も現在ではボロボロになっている。ちょっとさわれば粉になってしまうのである。組織はくずれ、一本の絹糸は組織分解して茶色の粉末になって飛び散ってしまう。

わずか一握りの織物の残欠のなかから、錦や綾《あや》や刺繍や﨟纈《ろうけち》染や、時には羅《ら》（うすもの）が二〇から三〇種類も発見されることもあるのだ。一びんの残欠のなかから一二〇〇年以上前の錦がぞくぞくと現われてくる。わたしたちにとってはダイヤモンドよりも貴重に思われてならない。なぜなら、それらの残欠がつたえている文化内容はあまりにも深く、あまりにも多彩なのである。

地中から掘り出されたこれらの貴重な錦綾は、できるだけ早く調査し、復活させなければならないのである。そして同時に、このほんの一握りの布に世界の学者が大騒ぎをし、珍重するのに、何とその残欠の完全なもの、はるかに大きな布が、保存状態ももっとよく残っている所がある。それは日本の正倉院なのである。いかに正倉院が世界的な宝の山であるか、想像に絶するものがある。それでは正倉院の錦綾はどんなものだろうか。

八　正倉院の錦

隋と唐

法隆寺が「聖徳太子」の寺とすれば、正倉院のある東大寺は「聖武天皇」の寺である。聖徳太子の時代が中国の「隋」の時代とすれば、聖武天皇の時代は隋のつぎの「唐」の時代である。

日本の聖徳太子、中国の隋の煬帝《ようだい》、高昌国の麴伯雅、ペルシアのコスロオ二世、そういう四人の名君が時を同じうしてでて、おたがいに文化交流をやった黄金時代も、六一七年には隋の煬帝が死に、六一九年には麴伯雅が死に、六二二年には聖徳太子が死ぬ、六二八年にはコスロオ二世が死ぬ、そういう政治情勢の下に、事情は一変してしまったのである。

ことにもっとも激しい変化を受けたのはサッサン朝ペルシアであって、あらゆる偶像を排斥するアラビア人の回教徒が、文化の栄えたサッサン朝ペルシアを蹂躙してしまった。かれらはマホメット教徒として、偶像破壊を主体とするから、造形美術は、ことごとく排撃されてしまった。

一方、唐は隋のたてた世界交通の利益を、十分甘受していたから、さらにその利益を増加しようとして、武力によって天山南路・北路を制した。この唐の下に、サッサン朝ペルシアの後裔のプリンスたちが亡命してきて、サッサン朝ペルシアの文化は唐の文化とあい映発して中国の中央部で大いに栄えるのである。

しかし、唐とサッサン朝ペルシアの連合軍が中央アジア（タラス）で回教徒に敗れるにいたって、サッサン王朝復興の計画は完全に挫折してしまった。サッサン朝の皇族は亡命先である中国において、唐の保護をうけ、サッサン王朝はその文化の粋を花咲かすという不思議な光景になった。

一面、アラビア教徒の侵入以前の中央アジアは、仏教を主題として文化交流を行ない、インドと結びつくという文化系統に入っていた。そのテーマの主体は仏教であり、その一番の花形は、クマラジイバであり、北魏における大同の大造寺事業であった。唐に入ると玄奘《げんじょう》三蔵が北魏・隋の訳経にあきたらず隋末、ひそかに国をでて、いまの（大月氏国）アフガニスタンを南下して、インド方面を巡歴し、多くの仏典と多くの知識を中国にもたらしたのであった。ここで本格的にインドの仏教は中国に移しかえられるようになった。かくて中国の漢民族は仏教文化を自己流に築き上げ、シルクロード上の諸民族は絹馬貿易の仲介者として何本ものシルクロードをもち、戦変・内乱の砂漠をくぐり抜けながら、ことごとく中国と関係をもち、アジアとヨーロッパの絹の貿易に参加した。唐の西征は、この砂漠地帯を統制し、その治下にシルクロードは新たな繁栄をもたらした。

李白・杜甫の詩にみる長安の光景はまさに現代でいえば、ニューヨークのような繁栄であって、あらゆる外人がここでは賓客として迎えられ、その各々の民族に必要なものを中国で買い求め、またその反対の作用として各民族の文化を中国に移し植えようとしたのである。これが盛唐の文化の爛熟《らんじゅく》した有様であった。

一方、日本では、隋が亡んだときに、一応手を引こうと考えたのであるが、やがて遣隋使は遣唐使という形にかわって、唐の玄奘三蔵の翻訳直後のいろいろな文化を日本へ移しかえようとした。この文化輸入時代が、白鳳・天平の時代にあたるわけである。

大仏開眼

だいたい中国の文化も日本文化のように、全体としてあるまとまりをもっている文化のように考えやすいが、すこし中国の内容をしらべだすと、中国というのは、ちょうど現代のヨーロッパのような状態であって、その中に十カ国以上の独立した文化が、たがいに併存していると考えられる。しかも隋の煬帝以来、西域の貿易に従事して多くのものを握り、したがって武力をもって、随時、中国に侵入し、新しく国をたてた異民族の団体は、たとえば拓抜族の北魏のように、そこに自分の好む仏教の解釈によって、好む仏像を建立し、違った寺院を形成したのである。したがって、薬師寺の本尊のブロンズの技術（おそらくギリシアからインドに伝わるものであろう）、唐招提寺の脱乾漆像《だつかんしつ》（これはうるしの産地である中国南方地帯の系統である可能性が強い）、大安寺仏（大同石仏等にあらわれる砂漠民族の宗教的祖源があるように思う）、というふうに中国の小さな縮図が日本の仏教であり、いろんな芸術と学派が日本にもちこまれたのである。つまりただ仏教といってもいろいろな種類の仏教があったのである。

これらの各本尊には、その本尊を荘厳にし、それに仕える僧侶たちの特徴を、他の宗派、他の寺院の僧から区別するために、おのおの特殊の織物、あるいは風俗を制定したであろう。一目で、あれは大安寺僧であるとか、あるいは東大寺僧であるとか、というふうに区別したと思われるふしがある。ことにその着衣――僧衣・袈裟等は一つ一つ異なっていたのであろう。

そして、本尊の仏像の背後には繡仏《しゅうぶつ》（織り仏）つまり曼荼羅《まんだら》（仏教の教理を図説した織物）をかけた。各宗派ごとに違った曼荼羅《まんだら》をかけたことであろう。こうした僧侶の繡仏、着衣、曼荼羅等の需要はいやおうなしに染織の発達をうながしたのである。

ある唐の寺が日本に移されると、その本尊をかこんで、その宗派の僧侶はもちろん、その僧侶に従えられた仏像製作技術者、そして仏教用品（その中には染織品も入る）製作技術者たちも日本にやってきて協力しあい、さらに日本各地から教育された日本人の労働力が加わって寺を造る大きな事業

碧地狩猟文錦（西暦 800 年以前）

正倉院の二色の緯錦である。円文中央に立樹，上部に大鹿，左右に胡弓を射る騎士，襲う虎，樹下に山羊がいる。円文の周囲には葡萄唐草が左右対称につらなる。四隅の文様は果樹，尾長鳥など。サッサン・ペルシア風のこの文様を，初めから計画的に緯糸のみだれた古錦の美的効果を意識してねらって織っているのが興味が深い。この錦ではその目的のために，糸による形の感覚——ハツリが工夫されている。

がはじまったのである。

寺造りに参加した日本人たちは、その習い覚えた技術を国に帰って発揮せざるをえない。それはその役民の新しい生存方法であったはずである。ここに仏教の崇拝は大陸文化の産業的再生となって、日本のなにもない風土の中に植えつけられていく形勢となった。それが当然、東大寺をはじめとする国分寺の造像の基盤をなしたと思われる。

天皇が願を発し、その願をたすけるべく、律令国家の諸官吏は、一斉に立って徴税の代りに兵隊を募集する要領で若者を集め、これを引率して大和に向ってきた。その願は、石田茂作博士によれば、最勝王金光明経の実現であって、文化的宗教的国家建設そのものであったわけである。その方法は、後年ぼう大な大阪城を築いた秀吉が、黄金を大衆の手に還元することによって、一種の好景気循環の生産経済による統治を試みたのと似ているように思われる。日本人は乏しい国に住む島国根性をもっている。とうていふつうでは秀吉や聖武天皇のような経済知識に気がつかないが、たまたま島国根性と逆の政治家があらわれてインフレーション的な観点に立ち、しかもその政治家が地についた大衆の利益を考えてくれるときには、民衆は歓呼して一大経済力を発揮するように思われる。これが東大寺建立の内容ではなかったかと思われる。

東大寺は建立され、未曾有の大仏が開眼供養された。その盛観、その規模の盛大さは言語に絶している。これは金光明護国経の本尊の供養のために集まった大衆ではあるけれども、その本尊に奉仕することによって、日本人は非常な財物を唐からもらったのである。その内容について深い理解をもっていたと思われる聖武天皇はこの東の端の国に、ふたたびこれだけのものを買いととのえることはなかなかできないだろう、との感慨の下に、開眼供養に用いられた一切のものを東大寺に寄付されたのである。

その時に東大寺の方では、寄付された宝物を正倉院にしまい、天皇直封《じきふ》として、開眼供養の一切の文物を、他人の手の触れる状態から、守ったのである。ところが幸いにして、日本の皇室は連綿として最高位を維持されたから、天皇勅封は(ことに正倉院に関して)厳重に守られた。その結果、世界中でちょうど文化遺産の欠けている時代、文化物の地を払ってなくなった八世紀の状態を、いきいきと現代に残しているのである。明治以来、法隆寺と並んで、東大寺の正倉院が非常な内容を持っていることが識者の関心の的となり、これが御物となって、国家最高の権力によって倉が守られることになった。すなわち天平以来つづいた直封の形式である。

正倉院および錦について

正倉院に関する研究は、明治以来日を追って盛んになり、現在では世界の東洋学者のメッカともいうべき貴重な、高尚な内容をもっていることが明らかになっている。この内容の無限の深さに関しては、いまさら喋々すべきことがらではないが、われわれの関係する正倉院の染織においては、じつに無限ともいうべき内容があって、これを研究するとしても、五代以上の歳月を費さねばならないであろう。

明治以来正倉院を垣間《かいま》みる光栄に浴したことがあるが、東大寺の大仏の開眼供養がすんで、僧侶はもちろん、俳優、仕丁《しちょう》の端にいたるまで、その日の着用した衣服・持物等をぬぎすて、ことごとくこれを唐櫃《からびつ》に入れたのであるから、染織品が山のように櫃《ひつ》の中につまっているのである。何のかざりもない荒けずりの板の箱の中にしまわれた布のあちこちに玉器やその他いろいろなめずらしい宝がちらほらみえている。けれども、うずまった絹おりものの断片を一つ一つ整理しなければ、それらの珍宝名錦はほこりとなって散ってしまう（腐朽した状態であるから）。その埋まっている衣類を、ていねいにとり出し、それを整理していかなければ他の種類の宝物も姿をあらわせないような状態にあるように見うけられた。

したがって、正倉院の一般的研究は、おびただしい錦綾等の整理をしなければ、ほかの珍宝の発見もできない状態にある。しかもその断片はことごとく一三〇〇年の歴史を経た世界稀有の珍宝であるから、その上もっとも悪いことには、整理しなければ、物の数も、物の性質もわからないのである。かくて染織品の取扱いが、正倉院研究の内容としては非常に重要なことがらになっていると思う。

正倉院の染織はさきに正倉院染織文三冊の刊行があって、その一部が明らかにされたが、御倉に含まれる文化遺産の千分の一にも及ばないだろうと思われる。その中には、錦綾、羅、縑、絁、組紐、麻織物をはじめとし、﨟纈、纐纈、夾纈、蛮絵、摺絵、刺繡のあらゆる部門によって、世界中またと見られない珍品が山のように存在する。ここではかりに、そのなかの錦だけをとりあげて若干の説明を加えておこう。

錦の織りかたは、大別して、

(1) 経《けい》錦

(2) 緯《い》錦

(3)　緯《さい》錦
(4)　綴錦《つづれにしき》

の四つに大別することができるであろう。

(1)　経錦

経錦は、漢時代に盛んに織られたと思われるもので、二重または三重の経糸を一目の筬の目に通し、それに紋緯きまたは地緯きの二本の糸を織り組んで紋様を形成してゆく方法である。したがって、経糸は縞だてに組まれ、紋様はその場合に必要な色を錦の表面に引き上げ、他の二本を裏にまわすことによって、紋様を織り出すのである。その場合に強靱な縦撚を必要として、織る織人の方の知的働力の方は比較的に簡単にすむのである。したがって漢時代に塞北の乗馬民族が喜んで用いたものであろうと思う。シュタイン博士のシルク・ロード上における発展、コズロフ博士のシベリヤ、ノイン・ウラの匈奴王の墓地における発見、およびわが法隆寺正倉院における発見は、漢以来唐王朝にいたるまで、この織り方がつづいたと思われる。

(2)　緯錦

緯錦は経錦よりも古い技法であって、単純な経にたいして、染められた緯糸を何色か用い、自分の欲する所へ欲する色を織り込む様に経糸を操作する。わが国の神代の織物と思われる大和錦は、この緯錦であり、周礼、詩経にみられる錦はおそらくこの緯錦であって、経錦に先だって発達していなければならない技法である。その織組み方は三綾の組織であって、後世まで三綾を糸錦とよんでいる。大和錦は緯糸《ぬき》はとくに太くて経糸を包み込んでしまう組織である。神宮裂の小桜の錦、鶺《せき》鴒《れい》の錦、御車の錦とか、おそらく日本独自の発達を六世紀頃には完成したのであろう。北鮮からきたと思われる高麗錦は、太い糸を縫いとって織り組んで強い経糸とともに、強靱多彩な綜地《あぜち》の錦の緯錦である。また、漢錦《あやにしき》は綾地の錦という意味であっておそらく推古以前に漢《あや》の直《あたい》らのもってきた技術であろうか。いずれにしても多彩な緯糸で模様を織りだしているのであって、錦の大部分のものはこの系統に属している。

(3) 緕錦

緕錦は、現在インドやインドシナにおいて、さかんに行なわれているように、織物美の多彩な要求を一本の糸に計画的に染めておいて、二丁ないし一丁の緯《ぬき》で織り込んで錦を形成する方法である。そのために、経をかけて織る行程は、前に述べた経錦のように比較的単純であるが、その経を綜絖《そうこう》する前に、一本の経糸を数種の色に染め上げる方法が非常にむつかしい。緕錦は、その経を染め分けるために、糸を括《くく》って染料の中に浸し染めにするために、経糸を括る糸を非常に多く要し、かつむつかしい技術となる。現在行なわれている絣《かすり》織りのもっと程度の高い技術が要求される。有名なタイのイチカット織りなどもこの系統に属する。けれども法隆寺の太子間道や正倉院にのこる纐錦に比べれば、現在行なわれている技術ははるかに程度の低いものである。かくして、整えられた纐錦の経を織る時または綜《へ》る時に、用意された経糸が、しばしば崩れて、天平のような鮮やかな効果がえられないのである。

⑷　綴錦

綴錦の技法はもっとも古く、紀元前二〇世紀前後に古代エジプトにおいて発達していたと思われる。それは第十八王朝、アーメン・ホテープ王のカートゥシュ（王の印書）入りの布、ツータン・カーモンの手袋等において、精緻の極に達していると思われるからである。けだし麻織のあらい布に羊毛または絹糸を綴りながら埋めて紋様を構成する織り方で、機構的には一番単純でありながら、その美的効果はもっとも高度なものである。コプト綴、宋の刻糸、日本の綴錦、フランスのゴブラン織等は、この系統の錦である。

中国で錦の字が最初にあらわれるのは詩経であって、錦衣褧裳《きんしけいしょう》といって、周時代貴人の上衣に用いられたのが最初である。この時代は、織り組み方が平機の単純な構造であった。多くの糸を組織的に並べてあやつるという字が機の字となったころに、錦ができあがったのである。その目的は、中軍の幟である錦の御旗をうるためであって、周の武王の出陣の時に織文鳥章としてでてくるのが一番古いと思われる。それから、周末、北方民族系の秦が中国を統制する頃から、乗馬民族への絹織物の輸出が始り、中国の特技として、経錦が大量生産されたのだと思われる。この大量生産以前の錦の技術が日本に伝わっていて大和錦となり、中国でも朝廷の官服として歴代続いていたのが、隋錦の四天王獅猟文錦となり、花樹対鹿錦となったのであろう。正倉院の御物には、じつに多量の緯錦が百花撩乱として咲き乱れるように存在する。唐の織物としては、経錦の方が少くなっているのは、注目すべき現象である。

そしてつづれをさらに複雑にしたものが織成《しょくせい》である。正倉院では聖武天皇の御袈裟《けさ》といわれる樹皮色織成がそれである。

緑地花文錦

花弁と花弁のあいだには，二羽の飛鳥が結んだ授をわえている。正倉院の代表的な経錦の一つ。

この織成の組しきはつづれ錦に機構の妙味を加えたものであって内藤湖南先生はかつてこれを禹貢の貝錦に比定された。

鶏のいる錦（サッサン朝系―紀元600〜800年）

ヴァチカン宮にのこるこの多彩な錦では，鶏が神格化されている点に非常な特色がある。両河地方では鴨がしばしば神格化されているが，鶏の例は甚だ稀である。原田淑人先生がすでに述べられているように，この錦は天平の御軾鳳凰文 錦等の前駆 をなして いるもので インドで孔雀形，中国で朱雀形であった鳳凰が，唐・天平ではいつの間にか走禽である鶏形に変形している。それは鶏を神格化した国を経由して来たことを意味する。その国が大月氏であるか，天山両路の地方であるのか私は知らないが，おそらくペルシアの東部で玄奘三蔵の通った路上にあるのではないかと思う。その地がこの錦と深い関係がある。

その他の正倉院に伝わる染織品には、他につぎのような種類のものがある。

綾（りよう、あや）

あやにしきともいうが、文様をあらわす織組みの方法に組織の変化を加えたもので、斜文織である。主として裏地用に使われた。

羅（ら）

羅は古代のあみから発達したオサをとうさない織方

御軾鳳凰文錦（紀元724年以降）

御軾（おんしょく）というのは牛車にのったときに，肱置きに前におく道具である。サッサン風の〇と十の紋様構成をもっている緯錦であるが，鳳凰はすでに鶏形になっている。円の周縁はギリシア風の葡萄唐草で構成され，十字形華文の方はサッサン，ビザンチン様式に似ている。前頁で見た神格化された鶏の錦との関連が考えられる。唐がよくサッサン文化をとり入れている証左である。（正倉院御物）

のものである。錦の上にうすもの（羅）をまとうことは美の極地といわれたように黄塵万里の中国ではかくべからざるものであった。

うすものとしていま使われている紗や絽よりはるかに高級なもので、夏の衣袍《いほう》やかぶりものに使ったのである。この技術はまたすこぶるむずかしく、奈良時代以後しだいに衰えてしまった。

綺（き）

ひも、帯のたぐいに用いられている。このハタは上部に綜絖がなく、古い形式で日本では綺をカムハタともよぶ。

景行天皇五三年、天照大神の本拠を伊勢の五十鈴川の上流にさだめられ、そこに綺《かむはた》の宮をおかれた。神代からの織機カムハタは、綴錦を織るに適し、天平では紐類や帯・細帯すなわち綺に愛用されたのである。

琵琶袋の錦

正倉院の綺は数十種ある内に、非常に精巧な綴錦のような厚地織物を含む。その中にも金線の入っているものが二、三あって、織物史上非常に重要な資料となっている。すな

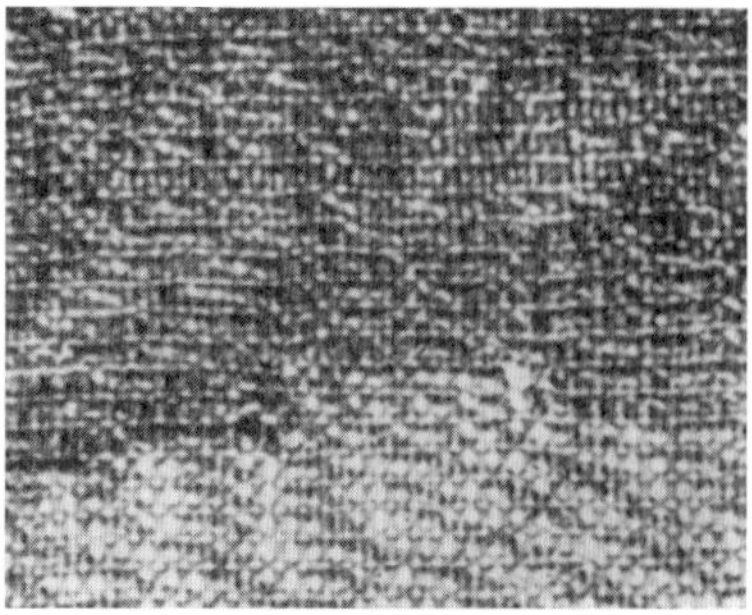

樹皮色織成袈裟

わち金箔織が唐にはじまるという説の唯一の現存する証拠となるのである。

夾纈（きょうけち）

模様をすかし彫りにした二枚の板のあいだに、たたみ重ねた布を固くはさんで染めたものである。板の部分の文様が白く染めぬけるが、折りたたんであるので、文様は左右対象になる。これを各色ごとにくり返すわけである。

﨟纈（ろうけち）

暈繝四辨花文綺

金線入りの金箔織りの一つで，四弁花に暈繝（うんげん）を配し，花文を組み合わせて，豪華で清冽な感じを出している。

布に蠟《ろう》で模様や図をかき、染料にひたし、あとで蠟をとると、そこが白く染めぬける蠟染である。有名な象立樹の屏風は﨟纈で、唐の絵画の様式を暗示する傑作である。

纐纈（こうけち）

しぼり染めで、模様染めとしてはもっとも古いと考えられるものである。

蛮絵（ばんえ）

木版を使った染織品の一種である。

鹿草木夾纈屏風

樹木の下に鹿が向きあい，ペルシア風の絵模様になっている。

象立樹臈纈屛風

そのほか刺繡《ししゅう》類、組紐《くみひも》の条帯類、フェルト式の色氈《せん》、花氈《せん》などの毛氈《もうせん》類も相当たくさんのこっている。

しかし、さらに今後の研究によっては、もっと種類もふえ、新しい事実もわかってくるかもしれないのである。

九　錦を復原する

父、平蔵（光波）のこと

父平蔵が、当時の美術院長大島義脩氏から正倉院宝物の錦綾《きんりよう》複製を命ぜられたのは、大正一五年ころと思う。当時、五〇〇年来、不可能とされていた古金襴《らん》、古緞子《どんす》の複製に成功し、識者のあいだに名声をえていた父に、稀有の文化遺産である「正倉院御物裂」の再現が期待されたのである。それは絹織物は千年の歳月のため風化して塵埃となることが眼にみえていたからである。感激性の強かった父は、この光栄にふるいたった。父を助ける名人たちは織りの羽田元三郎、染の牧正二、図案の斎藤春邦等、永年労苦と研究をともにしてきた人々であった。父は三〇年来この人々と切瑳琢磨し、技術をきたえ「チンといえばカン」となるような微妙な協力関係が成立していたのである。

初代平蔵

織物美術は、周の時代においてすでに多くの名工の技術を総合してつくられた国家的生産であった。それは染ひとつみても、糸の撚りひとつみても、非常な熟達を要する技術なのである。したがって父はそのチーム全員をひきいて、研究対象を総合的に分析的に検討して一つ一つ功績をあげていったのである。ちょうどオーケストラの指揮者のような仕事なのである。したがって、父はこのチームをひきいて、奈良の安い旅宿に泊り、いっさい自費で正倉院の研究にかかった。これが当時の事務当局には、とんだ誤解を生んだようだ。また為にする中傷者もあったかもしれない。父はしばしば思いがけぬ困難に逢着《ほうちゃく》した。

たまたま、秩父宮殿下の御成婚があって、その御用の壁掛が父に御下命になり、父は涙を流し殿下に感激し、この仕事のため、一切をなげうってとりかかった。それは父が壮年のときに黒田清輝画伯等が、芝離宮などの壁掛にたいし厳しい批判を説かれ、その裏面に当時の壁掛製織者のあまりにもいたましい努力があったことを知っていたからである。「一生壁掛だけはつくるまい」と決心していたのを「このたびは綸言汗《りんげん》のごとし」だからというので、ほんとうに決死の覚悟をきめていた。それから、父の経済をささえていた帯地の製織をやめ、一意専心、壁掛の謹織にかかった。それから悲壮な七年がつづいた。昭和四年、東大の美学をでて、恩師大塚保治先生の下で一生美学をやるつもりでいた私に、父は思わぬことをいいだした。

「神戸の川崎武之助男爵が欧州に美術行脚にゆかれるときいて、謙（私の名）をどうかお伴さしてくださいとお願いしてきた。だからいっしょに洋行してこい。そしていつも黒田画伯や正木先生のお話にでてくるローマのラファエルの壁掛をみてこい。そして自分がつくる壁掛とどちらがいいか批評してくれ」

というのだった。当時、大塚先生から「卒業したら研究室へきていっしょに研究しよう」といわれて感激していた私は、先生に相談にいった。先生は熟慮のあと洋行をすすめられた。それが父と私の運命を大きくかえてしまったのだ。夢のような一年数カ月の滞欧を終えて帰ってきた私の周囲は、大きな運命の変化がきていた。七年間の壁掛研究のため、あの成功に近かった父の正倉院研究は中絶していたのみならず、一文の収入もない歳月がつづいていた。

帰朝―病臥―入営と私自身の事情も、いちじるしい変転をしめし、ついに私が入営して一ヵ月たたぬまに、恩師大塚先生の逝去の報が私の胸をかきむしった。

そのあいだにも、午前三時以前に父が寝たのを見たことがなかった。こんな生活を七年もつづけたので、毎夜毎朝、父のうめき声がきこえ、狂人のような叫び声をきいた。しかし壁掛はできそうになかった。

正木美術院長はこの父の経過を心配されて西下され、七年目にできあがった本壁掛の一部の拡大図で壁掛の製織完了としてくださった。「このままでは平蔵は死ぬだろうと思う」と私にいわれた。事実、父平蔵は、その壁掛「芝刈図」を納入するとともに、強烈な神経の病にかかってしまった。一〇年間近くも無収入の親方を支持する力は父の鍛えた名工たちにもなかった。完納とともにみな逃げだしたかったようだ。父のつくった織物美術をつくるべき組織はまさに分解しかかっていた。その時、父と経済上の苦労をしてきた若い番頭が、にわかに女給と駆け落ちしたあと、私が発見したのは猛烈な借財であった。破産以上の経済状態であった。それにしても、おそろしいまでの覚悟を決めていた父の態度はあっぱれなものだったと思う。

織物美術研究所をつくる

こうして、三〇歳そこそこの若僧に、父の始めた織物美術の一切の責任がいやおうなしにおいかぶさってきた。

強力な意志をもつ父は、ボロボロの服を着て、毎朝川をこえた正面の六甲、塩尾寺《えんぺい》山へ登る。父はどうかして神経衰弱を克服して、もう一度仕事をしたいのだ。しかしそれ以外は、たった一言、織物や経済の話をしようものなら狂人のように怒号しだすのだ。たった一人孤立して、しかもそれ以前はろくに織物の勉強もしてなかった私は、父の保護者、友人たちをたずねた。しかしだれも彼も相手にしてくれない。みんな、父の頑固と借財の不義理をせめ、暗に返済をせまられるのだった。

その間に清浦圭吾伯と相談された正木美術院長が、宝塚の陋宅《ろうたく》へこられて家族一同を集め、「平蔵を休ませよ、謙はこの仕事を後継せよ」と懇々と説得された。「その代り、平蔵の名を謙に継がせよ」ということであった。私にはこの後継は不可能にみえた。しかし仕事を継がなければ、一門一家にまっているものは、崩壊と餓え死があるばかりだった。あの壁掛をおさめにいったときに、ある執奏係りの人が父に向かって「七年間も自分勝手に苦労して、予算が片づかないのみならず、宮様の信用を失墜して迷惑したのはわれわれだ」と父を罵倒した。あの場面の情景のくやしさが、若い私の無鉄砲な血を沸騰させていた。私は向うみずになって、父のあとをやる覚悟をきめたのだった。

それは、研究所をつくってやってみるという手段であった。清浦圭吾伯を総裁にあおいで研究所がつくられ、かくてふたたびわれわれ一同は古代のボロと取り組むことになったのである。

ボロから錦を織る

この「織物を復原する」哲理は、「まず馬鹿になる」ことである。一寸四角の織物のなかに約一万の経糸《たていと》と緯糸《よこいと》の組み合せがある。その一万ヵ所の点を正しく、くまなく、根よく調べてしまうと、織物美術は元来一本の糸がより集って構成されているものだから、その全部がわかれば一〇〇〇年たっていようと復原できる、と考えたのであった。父のこの鈍根と、浮世ばなれした愚直さが、私にも遺伝しているようであった。

「金もいらぬ、名もいらぬ」と口ぐせのようにいっていた父の念仏が、私の耳底にものこっているようである。数年を経てようやく借財が返済できた。そして間もなく、大東亜戦争がはじまり、私に赤紙がきて、私は出征した。幸いに父は恢復して、留守を守ってくれた。しかし父は、技術保存の美名のもとに多くの機業家が、やがてたどるべき運命を見るにしのびなかったらしい。とうとう再度強烈な神経衰弱におそわれて病臥してしまった。

一方、私は五年間の戦務の後、三月一日に六ヵ月の最後の休暇をもらってかえってきた。私がみたものは、技術は保存されていたが、ふたたびせまりくる飢えで悩む一家であった。ところが幸いなるかな、その八月一五日に、あの感激的な御詔勅によって、第二次世界戦争は終りを告げたのである。

終戦後、東京商工会議所が賠償物資として、正倉院の御物をだしたらどうか、といっているのを耳にした。父はひじょうに立腹し、私もその非常識に驚いて上京し、ただちに進駐軍と談判した。しかし、それはまるで日本人の考え違いだった。

G・H・Qは、

第一に、太平洋を渡るのに、どういう変化が起こるかわからないから、慎重にならざるをえない。

第二に、こういうものは発見された現地で研究すべきものである。

第三に、これは日本文化の根源であって、日本にある場合、ひじょうに将来の日本産業に役立つ。

紫地葡萄文錦（西暦 800 年以前）

この葡萄唐草文の蔓の巻き方，中央のハート形華文までギリシア美術そのままである。出し耳（両端の織り方）と機の織幅は唐期のそれと同じである。これらはギリシアの工匠が洛陽・長安にいたのではないかと，われわれをして空想せしめる。（正倉院所伝古錦）

G・H・Qのシックマン少佐は以上三つの理由で、アメリカが正倉院の御物をもっていくはずはないから安心しろといった。しかし東洋のものをアメリカが向うにもっていきたいのはたしかだから、なにか別の方法はないかということであった。

そこで、正倉院の御物がなくなるのを防ぐために、こちらは長年こういう研究をしている、とみせた。G・H・Qでは、アメリカで東洋染織の展示をしたいから、それを作ってくれという。アメリカに博物館が二〇いくつあるから、その半数は買うだろう、セットにして、一〇組つくってくれといわれた。私は一〇組つくって、まず一組送ろうとした。と

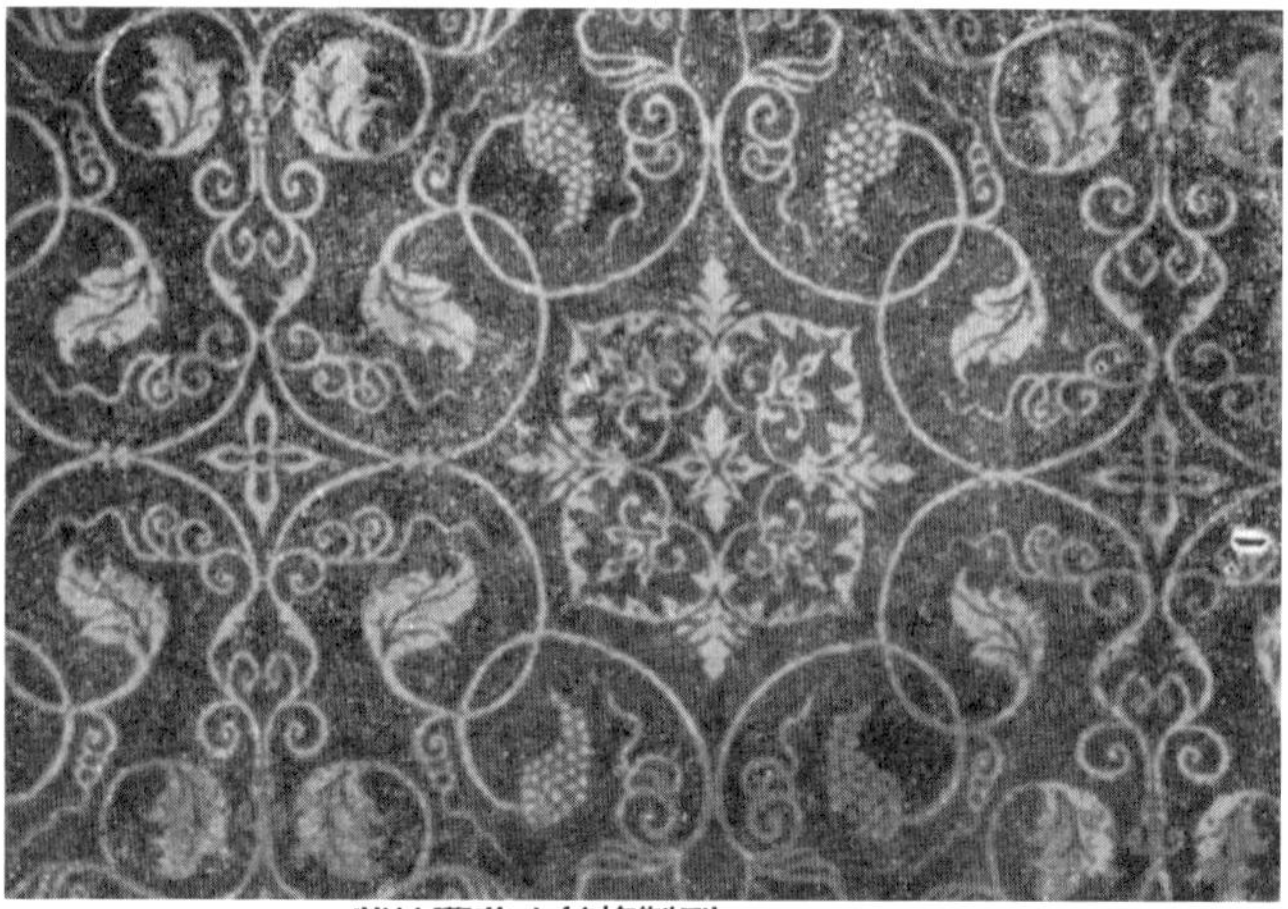

紫地葡萄文錦複製裂（竜村平蔵作）

ところが絹の統制にひっかかって大問題になり、いろいろ困難な手続きの結果、美術品として輸出が許可になったのである。これは実質的には戦後の日本の絹織物貿易の第一号であったのである。そして、それは父の正倉院研究が、ようやく織上げられた最初のものであった。

この第一号は、いまはまわりまわってカンサスシティにあるはずである。その次の一組はニューヨークにある。あとのこりは八組、そのときに統制会社であったE・A・Cが解散してしまい、どこからも代金が入ってこない。役人に話しても相手が違うのでしかたがない。だから経済的には成功したとはいえない。

その時から、私も正倉院の研究をはじめた。父の

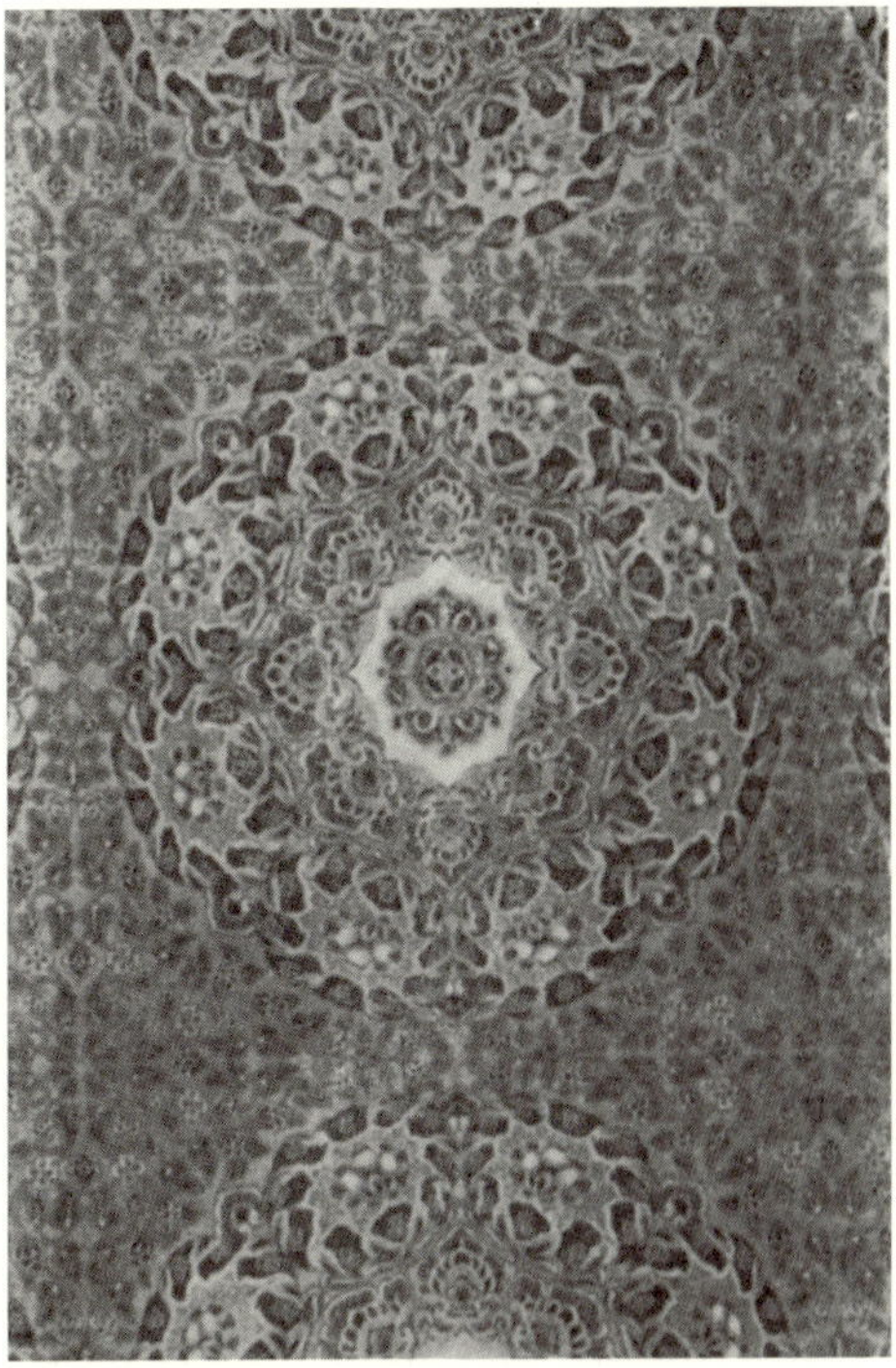

琵琶の御袋裂複製（龍村平藏作）

発表前の未完成品が相当数できていて、種類も豊富だった。父の下で研究する一方、職人はのこっていたが記憶はまちがいだらけで信用できなかった。そのため楽譜なしでピアノをひくようなものであった。私ははじめから、楽譜を書いてタクトをふらなければならなかった。アメリカにおける展観以来、前にも述べた法隆寺や正倉院の錦の複製が、その模様のもつ世界性のためか、外国の人々にも迎えられ、貿易用に活躍するようになってきたのである。

しかも、この複製展はアメリカへおくられる前に、東京博物館で発表の機会が与えられ、皇太后陛下をはじめ各宮殿下の行幸をえた。父の複製事業はようやく日のめを見たのである。

一方私は、藤井館長ならびに正倉院事務所長の許可をえて、正倉院随一の名錦、琵琶《びわ》の御袋裂、大宝相華文錦と取り組みだした。最初は東京博物館の断片で、色彩と組織を二年間。ついで御蔵で五年間の月日を費やし、ついに八年後一枚の裂を織り上げた。その結果これが中国では皇帝のみ用いることのできる九色の錦であり、おそらく世界第一の壮大な規模をもつ名錦のなかの名錦であることがわかった。あの御琵琶こそ、中国の皇帝（たぶん玄宗皇帝の）所持品であろうと推測された。

花樹対鹿錦の復原

その後、興味深い復原研究には、高台寺にのこる伝豊太閤の陣羽織がある。明治以来、いくつかの模造があるが、それは色、染、形状のみ模造されたもので、相当、内容がちがっていた。精密に研究してゆくと、豊太閤当時、アスバハンにさかえていた中国伝来の綴織りの技術が、いかにスキタイの影響をうけ、いかに回教芸術の構想をとりいれ、さらにインド文化をとりいれたか、まざまざと観察された。またこの豪華なペルシアのタペストリー（壁掛け）をおくられた太閤秀吉が、それを陣羽織に仕立てなおしたところに日本人らしい美的作用が見え、また日本武人らしい稚気が感ぜ

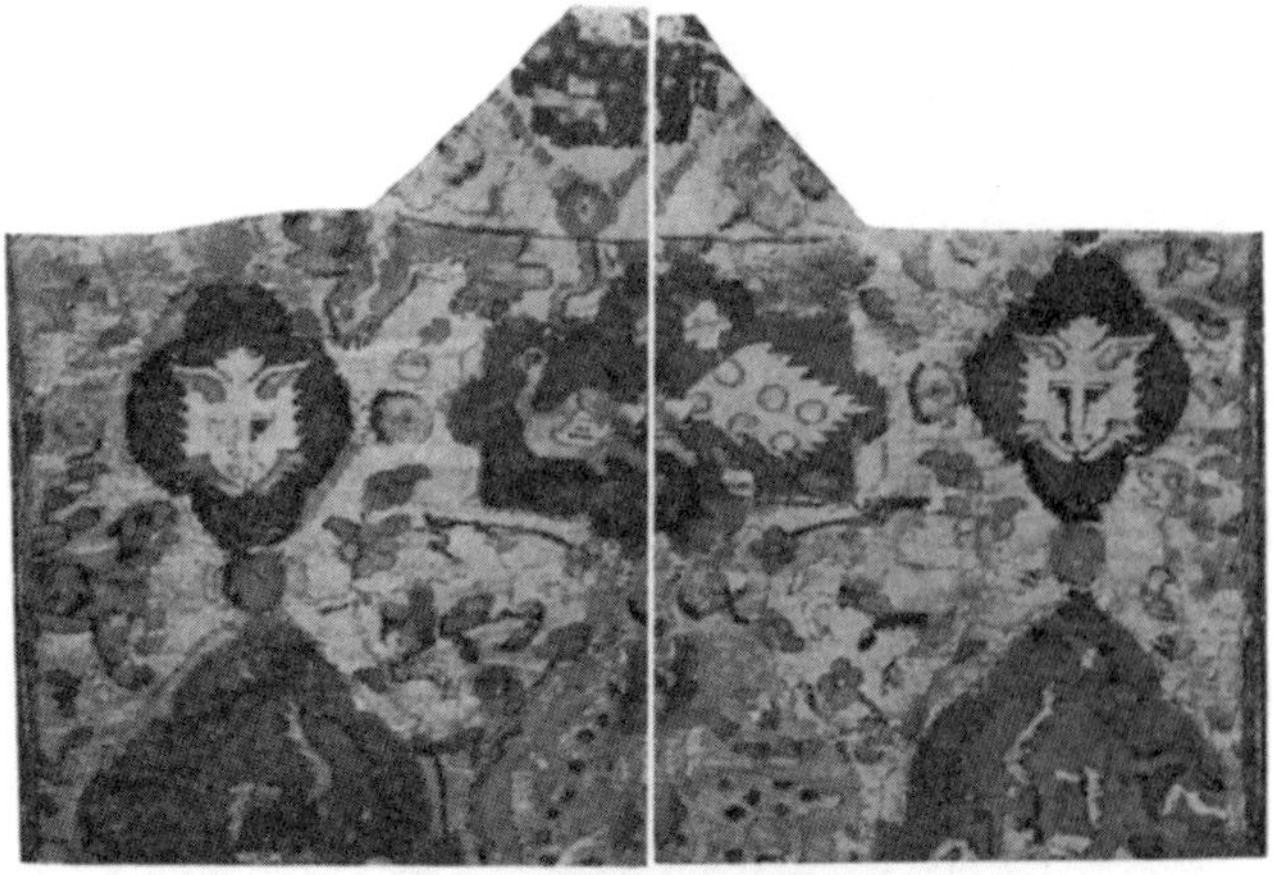

伝豊太閤陣羽織（上半身の部分）

られた。

これらの復原テーマは、たんに過去の美的織物がわれわれの眼に再現されるだけではなく、それを通じて、文化内容や美意識の歴史、技術の歴史がちらほら暗示される。そこに無限の研究的興味があり、また重要な意味があると思われる。

さて大谷光瑞西域探険隊将来の花《か》樹《じゅ》対《たい》鹿《ろく》錦の複製は、その原品が一片の断片であり、最初はほとんど不可能に近かった。それだけ私には深い興味があった。その研究が七、八分進んだころ、ある夜、夢のように私の眼前に現われたのは高昌国のミイラだった。数十年前、私が大連の博物館で見た、あのミイラ。二メートル近い巨人であった。そしてその顔は飾りでおおわれていた。その眼の跡、口の跡から血がにじみでていて、そこが錦の腐敗しているところだとわかった。その夢で私はめざめたが、ぞっとして寝られなかった。その夢の巨人は隋の煬帝《ようだい》とともに南満州の野に騎馬隊をひきいて転戦した高昌国人で、この錦を通じてなにかを物語っているようであった。

この錦の研究は、法隆寺夢殿伝来の四天王獅猟文錦と対比研究することによって、隋錦であることが決定的になった。しかも同じ織物工場で織られなければできないような一致がこの二つの錦のあいだにあった。工業的側面でも美的意匠の側面でも相似であった。この相似の発見によって、すでに復原に成功していた四天王獅猟文錦の織法を、諸般の技術的成果を全面的に活用することができたので、復原は比較的すみやかにできあがったのであった。

残存した花樹対鹿錦

しかし円文（円い輪）中下部の欠所《けっしょ》の復原はついに如何ともすることので

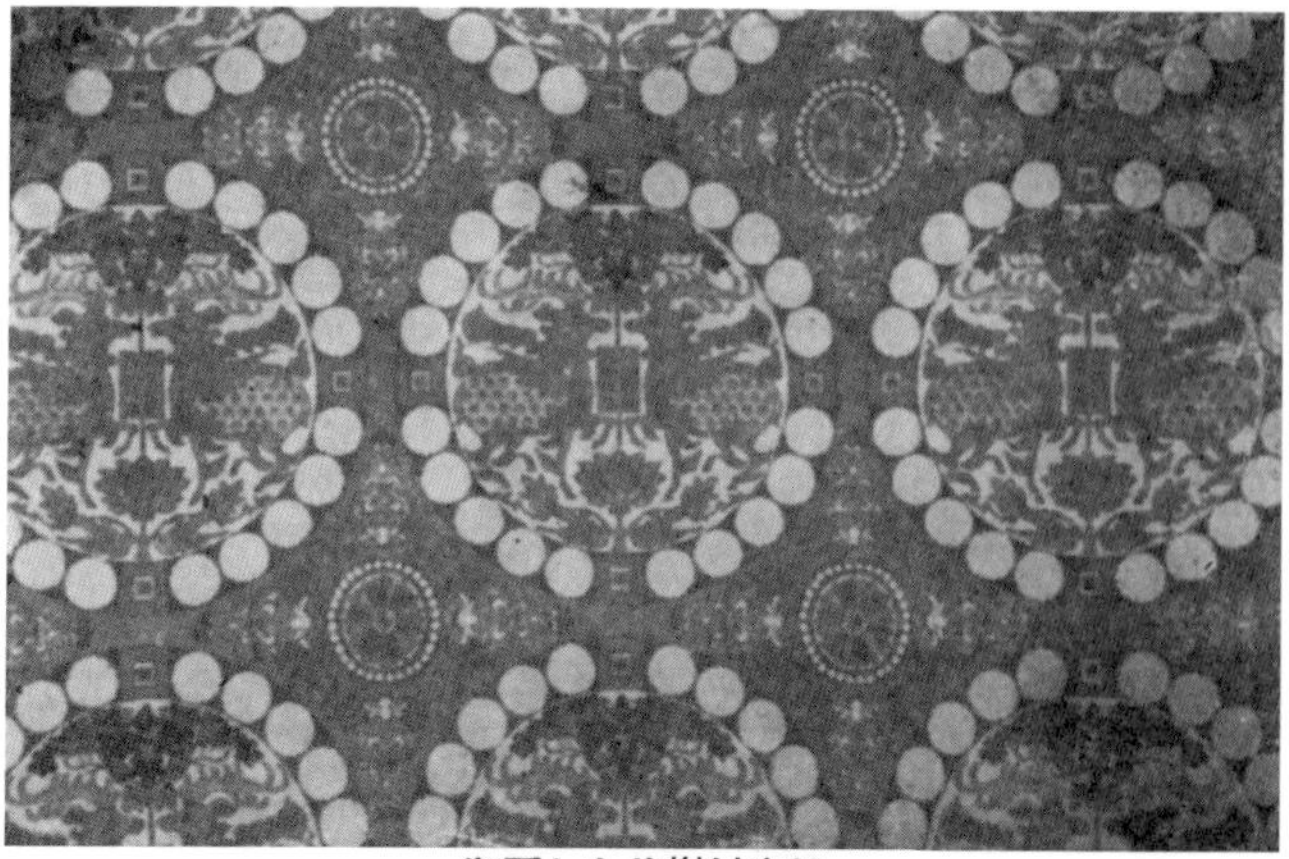

復原した花樹対鹿錦

きない空白なのである。数年間を経たある夜、私はまたあの巨人ミイラの夢をみた。ミイラは「何故あの花樹という文字を考えないか！」と叱汰《しった》する。その声に驚いて目覚めた私は、空白の所へ夢中で花すなわち牡丹を画きこんだ。この欠所の牡丹図は私の創作で、あるいは正しくないかもしれない。その形容の点でも昔のとおりでないかもしれない。しかしまがりなりにもその夜、空白部分の織文（織り文様）ができあがったのである。もし千数百年前のこの錦の欠けた部分がでてきたならば、私は歓呼して織文をかえるであろう。ともあれ五年の歳月をへてこの復原もできあがった。その結果、私はつぎのように考えている。

① 隋の煬帝《ようだい》はけっして暗君ではなく、その酒池肉林の長夜の宴は、バーベキューやビュッフェで外人を

歓待する貿易対策の一つではなかったか。

② 聖徳太子の使者として小野妹子《おののいもこ》がみた長安は、すでにいろいろの異民族が往来する国際都市であって、隋の文化は唐王朝文化の原型ではなかろうか。

③ 煬帝はその武威と文化力を誇示するために錦を織らしめ、かつそれを異邦への贈物として用いた。それは絹織物の世界的な販路開拓——信用を獲得するためであって、とくに当時第一級の名人をして、これら名錦を創造させたのではなかろうか。

そんな正史にない遠い昔の現実がまざまざとわれわれの眼に浮ぶのである。

錦はボロとなり、ボロはまた錦に復原することができる。この循環のなかに文化は進展し、その進展のなかに過去の歴史も現在の生産も生まれ、また未来も幻のように浮ぶのである。

一〇　翻古為新《ほんこいしん》――織物美術《にしき》の道

龍　村　光　峯

過去の遺産の消費者

「君は、過去の遺産の消費者になってはならぬ！」

今を去る三十数年前、父、二代目龍村平蔵（号・光翔）から家業の後継者にと望まれ、京都へ帰ることになった私への、故今泉篤男先生（元京都国立近代美術館館長）の激励の言葉である。

伝統にあぐらをかいてブランド主義に陥り、過去の遺産を食いつぶす輩になるな、創作者として「ものづくり」に励むように、といった意味だが、家業をこれから継承するというまさにその時のことだったので、この言葉は私の胸に突き刺さった。振り返ってみれば、この言葉が私の「ものづくり」の原点になっている。

私が家業とする広義の「錦」の世界、おおむね伝統的先染紋織物（手機《てばた》）の「ものづくり」は、人の違う工程が大きく分けて十二工程、細かく分ければ七十数工程ほどにも及び、植物染などの糸染、織物組織に精通し、一ミリ四方に満たない升目を埋めて絵を描く紋意匠図、そしてもちろん製織等、各々きわめて専門性が高く、多くのすぐれた職人たちを必要とする「共同作業《コラボレーション》」の世界である。

私の立場は、今の概念でいえば、プロデューサー兼アートディレクターということになるが、「ものづくり」のあり方としては、むしろ映画監督やオーケストラのコンダクターに近いといえる。私どもでは、この仕事を建築設計になぞらえて、「設計」とよんでいる。

今この世界は生活様式の激変や近代化の波に抗しきれず、数多くの工程が、職人たちの後継者難に陥り、仕事がなく生活が出来ないことから、滅亡の危機に瀕している。残された道としては、たとえそれがきびしく狭き径《みち》であったとしても、人々に端的に感動を与えられる、美術品として正当に評価される質の高い作品を制作する「織物美術《にしき》の道《みち》」しか無いのではないかというのが、父や私どもの考え方である。必然的に現在、私の仕事の中心は、伝統的な「帯」の制作からタペストリーなどの制作へと移行しつつある。

現代の光悦工房

一般にタペストリーといえば、歴史的にはゴブラン織や綴織など平織が主であり、現代では現代美術の一形態であるファイバー・アートがもてはやされている。幾千年の昔から「故郷に錦を飾る」とか「錦の御旗」といわれた、空引機《そらびきばた》をはじめとする「高機《たかはた》」を使用し、複雑で精緻な金に値する帛《きぬ》として最高の織物とされてきた「錦」の世界では、父の作品などごく稀な例を除いて、タペストリーとしては、ほとんど制作されてこなかったといえる。

故北村哲郎先生によれば、私どもが作る「伝統的先染紋織物（手織）」の「錦」の世界のタペストリーというのは、世界的に類例がないそうである。それには多くの人手とコストがかかるということが大きな理由であると考えられる。このことは、平成十四年から平成十五年にかけて欧州四カ国を巡回展示した「光峯の織物美術——超近代の宿る伝統展」で、イタリアやフランスの織物の専門家たちからも、「こんなに多彩で精緻な織物は観たことがない」

と絶賛されたことから事実であることが確認できた。西欧では、平織の一種であるゴブラン織などの狭義のタピストリーの長い歴史があるだけに、錦織がアートとして発展するには至らなかったのであろう。

父や私の「ものづくり」は、「本阿弥光悦の工房」のようだとか、ルネッサンスの芸術家工房に似ているのではないかといわれる。考えてみると、光悦も北斎も自分一人でものづくりをしていたわけではない。狩野派などでも弟子たちが手伝って絵を描いていたことを考えれば、何もかも一人で作ることを良しとするいわゆる「個人作家」というものが、たかだか百年余りの近代的産物であることが良くわかる。その意味では、私たちのような「ものづくり」の方が日本美術のオーソドックスなのかも知れない。

しかし、こういう「ものづくり」のあり様が、タペストリーの分野では世界的に類例がないとすれば、伝承技術を駆使した古くて新しいアートのジャンルとして「再生」させることも、脱近代という意味で根底からの「変革」を迫まられている現代において意義のあることなのかもしれない。

私の作品、とくにタペストリー類に関しては、ほとんどの場合、かつてのルネサンスの芸術家工房の仕事のように施主がいる仕事である。最初から施主の意向や眼を意識し、時には施主を説得し、さらに施主の考えておられる以上の仕事をすることが課題になっている。そこにあまり我執の出る余地はない。また、出すべきではない。創造性や個性は、テーマにそって新しく考えていく以上、あえてそれを強く意識しないでも、自ら顕れるものだと考えている。

翻《ほん》古《こ》為《い》新《しん》

さて正倉院裂や名物裂などの名品を復原することの意義は、古筆の臨書や名画の忠実な模写と同様に、現代の発想や技法を超えたところで名品に学ぶことにある。これは「ものづくり」として、基礎的な研究になるのだが、今を過去に向かって超えることになって、新しい発見にもつながる。

このことを祖父、初代龍村平蔵（光波）は「温故知新」と言っているが、復原で学んだことを今に生かすことが出来なければ創造的とはいえないだろう。「伝統」というものとの関係において、故今泉篤男先生の言葉はまさにこの点を衝《つ》いておられるのだと思う。

そこでさらに一歩踏み込んで、歴史に学びつつ、現代と真正面から向かい合い、まったく新しい作品を創造することを、祖父の造語で「翻古為新《ほんこいしん》（古を翻して、新しきを為す）」といっている。私の制作ポリシーを問われれば、まず第一にこの精神を挙げねばならない。

私たちが今生きている現代は情報文化の時代である。展覧会や美術書、映像などのメディアを通じて、あらゆる時代のいろいろな地域の美術品や文化遺産に触れることの出来る、かつてない恵まれた時代といえる。このことが私たちの作品に影響を与えないはずがない。

私の作品には、古代から現代までのあらゆる時代の、あらゆる地域の文化遺産との対話の中で生まれた作品がある。「とても一人の作家の作品とは思えない」と言われたことがあるが、このためではないかと思っている。

一つのテーマだけを生涯を通じて追求していくタイプの作家もいるが、今のところ、私の場合はひたすら勉強ということもあり、一つのテーマに一点ずつといった感じで、いろいろなテーマに取り組んでいる。

またデザインのヒントなどは、名画や名品のみでなく、見る気で見ればあらゆるところに転がっている。レンブラントが壁のシミが美しいと言ったという有名な話があるが、「石垣」

を見て思いついた「氷竹文」や、「虹畳」のように、何でもない畳の目を見ていて考案したような作品もいくつかある。

アイデアは無際限といっても良いほどに浮かんでくるが、問題はそれを芸術的完成度の高い作品にまで仕上げる途筋《アート》である。とくに私の場合は、職人たちの手の技を通して作っていくだけに、私の執拗な追究についてこられる優《すぐ》れた職人がいて、はじめて可能になる。この点で私は、彼らの技術の「すばらしさ」や「もったいなさ」に、これらの伝承技術にはひたすらこだわっていきたいと思っている。

私の作品は、少ないものでも平均五十色、多いものでは、綴織《つづれおり》で一千色を超えるものもある。主に先染紋織物の世界では、色数に比例してコストがかかっていくが、こんな作品はとても自動織機（力織機）では織れない。千数百年続いてきた手織の技術があってこそ、可能な世界なのである。

織物テンプラ説

織物美術はたんなる絵画の写しであってはならない、絵画を超えたものでなければならないと、きびしい体験から祖父や父は考えたようだが、なかなか言うは易し、行うは難しの課題である。この課題に挑戦する織物ならではの表現という意味で主につぎの点を考えている。

先染紋織物特有の組織の複雑さや立体性、それから「テクスチャー＝質感」を生かした作品をめざしている。最近では、質感を表わすのに、「クオリア」ということばがよく使われている。

私の「錦」の作品の多くは、よく刺繍と間違えられることが多いが、文様の表現が多重組織になっており立体的であるのが特徴である。最初からたんなる平面ではなく、顕微鏡でのぞけばよく分るように織物組織というものを立体的に捉えている。この織物を二次元（＝平面）ではなく三次元（＝立体）として捉えるという着想は、祖父によるそれまでにはなかった独創的な視点である。

さて、祖父も父もあまり意識していなかった視点として、絹の錦の重要な特徴として、その光沢がある。絹に光沢があることは、古代からよく知られていたことであるが、なぜ光沢があるかということは、近代になって顕微鏡が発明され、絹の断面を見ることが出来るようになってからである。

絹糸は、顕微鏡レベルで見ると、半透明なガラスの棒のような形状をしており、その断面は、不定形な三角形で、いわばプリズムのような構造をしている。このことを私は比喩的に、「絹のプリズム」とよんでいるが、このことにより、絹はダイヤモンドのように光輝き、見る角度によって千変万化するのである。

ちなみに、繭は、一種のシェルターであり、紫外線などの有害な光線を表面で屈折させたり、拡散させたりして、中にいる幼虫にあたらないようにしている。私は、この驚くべき自然の機能を作品に最大限に生かしたいと考えている。

先ほど述べたように、私どもの作品は、組織的に多重構造になっており、立体的であるため、より光の効果が大きい。立体的であることや光によって千変万化することなどが絵画やプリントにはない絹織物の特色である。ちなみに、先にもふれた欧州巡回展では、副題としてイタリアでは「光の糸」、フランスでは「光の織物」というタイトルが付けられた。

また祖父以来、私の家では「織物テンプラ説」という、どんなものの表面の質感も織物で表現することが出来るという考えがある。現在、私は実験的な仕事として、革、樹皮、果皮のような織物、水の表面のような織物、金属や木目のような織物などを手がけているが、これらは表現の多様性を手にするという意味で、重要な基礎的な仕事である。

　また紋織物特有の、経糸と緯糸が直角に交差することによって線を表現しようとした場合に、必然的に生ずる階段状の「ハツリ」の美や味わいを、積極的に生かしていきたいと思っている。

　もう一点は、色彩感覚である。私の作品の個性や特徴をあげるとしたら、まず色彩であろう。古代裂の復原などを手がけてきたことが基本にあるが、彩度の高い澄み切った原色を使い、反対色を使っても品があり、ハーモニーがあるというのが他所にはない特徴である。

　染の職人さんの言葉に、「底色」という表現がある。底色が汚いとか、赤みがあるとかいうが、私どもの色彩は、主に底の底まで澄み切った原色を使う。桜の花びらや若葉がそうであるように、これは、生きている自然の色彩がそうであるからだ。

　植物の場合、底色に濁りがあるのは老化や病気のあらわれである。自然の美しい色に驚嘆し、その色を意匠や装飾に生かしたいという古代人の想いが生きているのである。

伝統の創造性

最近、京都造形芸術大学を中心に美術界の識者の間で、「創造的伝統」ということがいわれている。伝統が創造的でないはずがないのに、あえてこういう言い方がなされるということは、当たり前のことが、いかに当たり前として認識されていないかということであろう。

現代美術の世界が、あれこれと説明をしないとわからない「砂場の遊び」と毒づかれるような、何でもありの世界になってしまい、伝統工芸の世界もまた近代的個人作家主義と商業主義に毒されて、職人が「作家先生」になり果てるなど、今は、美術や工芸の世界のゆがみ、ひずみが顕著にあらわれている時代である。

そこでしっかりと伝統に根ざしながら歴史を担い、なおかつ現代という時代と真正面から向かい合う作家の姿勢や、点一点、線一ミリをおろそかにせず、創造性のある芸術的完成度の高い、生命力のある作品が求められているのだと思う。

以前、父の親しい友人であった日本画の上村松篁先生から、歴史に残る名作の共通の特徴は何か、というお話を伺ったことがある。先生は「格調」といわれたが、私どもでは同じことを「品格」といっている。デッサン的にも色彩的にも、あらゆる芸術作品にとってもっとも大切なことの一つである。

当たり前のことだが、作品というものが具体的に存在する以上、感動の種類は色々あったとしても、その作家が無名であれ有名であれ（巨匠の駄作というものもある）、一品制作であれ、複数生産であれ、一人で作ろうが、共同作業で作ろうが、近代主義の中で矮小化されたオリジナリティー（＝新奇性）にこだわることなく、抽象、具象の区別を超え、あらゆるジャンルを超えて、素直な感動を与えられる作品《もの》かどうか、これが最大の課題なのだ。

この当たり前のことがきちんと認識されていないのではないか、というのが正直な感想である。どんな前衛的な仕事であっても、また伝統的な仕事であっても、この当たり前の、いわば美術の王道にしっかりと足を踏まえることが、大切なのではないだろうか。

二　古代裂《ぎれ》復原の意義

龍村光峯

復原の哲理

「一寸四角の織物のなかに約一万点の縦糸と緯糸の組み合わせがある。その一万ヶ所の点を、正しく、くまなく、根よく調べてしまうと、織物美術は元来一本の糸がより集まって構成されているものだから、その全部がわかれば一千年経っていようと復原できる。」

父光翔（二代目平蔵）が本書で述べている復原の哲理である。

「織物は数学である。どんな地合いの織物組織であれ、数理的に一応割切れるように構成されているから、たとえ一万ヶ所の点があろうとも復原できる」ということは、理屈の上では言えても、実際上、父のいうように、人間としては「まず馬鹿になる」ことが必須条件であり、性格的には「浮き世離れした愚直さ」があって、根性の有様としては、ひたすら「鈍」でなければ、復原の仕事はつとまらぬようである。

私ども「龍村」は古代裂の復原で名声を得たが、その影には祖父（光波、初代平蔵）の鬼気迫るほどの情熱と凄まじいばかりの努力があった。祖父は少壮の頃までは、むしろ発明家として著名であった。多くの特許権をもち、新しい数々の織技法を開発したが、前述したように織物は数理的に構成されているので、分解されて模倣され、品質の悪い偽物がすぐ市場に出回るという有様であった。

これらの模倣業者との間の闘争で消耗した祖父はそのむなしさを知り、特許権のほとんどを西陣織物組合に寄贈してしまった。

「模倣や盗作の及ばぬものは何か」という命題にたいする答として、偽悪醜を排し、真善美を求め永遠の美を創造したいと願えば、おのずから想いは、歴史上の名作へと及んだのである。

大正一五年ころ、すでに五百年来不可能とされていた古金襴、古緞子の復原に成功し、識者の間で知られていた祖父に、稀有の文化遺産である「正倉院御物裂」の複製が命ぜられ、その再現が期待された。錦がボロとなって朽ちていくことを惜しむ心が厳密に忠実な復原を思い立ち、それを実現に導いた。厳密に忠実な復原とは、虫食いがあれば、それもそのまま復原するというほどの忠実さであり、これが復原の精神の原点である。

このことを可能にしたのは、じつは近代科学が生んだ顕微鏡であった。顕微鏡のおかげで微細な組織点が精密に判明し、復原が可能になった。一万の組織点をつぶさに調べ、織機や織技法、組織はもちろん、染や素材である絹糸にいたるまで忠実に復原する。そうした気の遠くなるような作業をまさに「馬鹿になって」続けた努力が今日の龍村の基礎を築いたといえるだろう。

「復原」と「写し」の厳然たる区別

私どもが「復原」という場合には、いわゆる「写し」とは厳然と区別している。厳密に忠実、とはいっても時代が違い、状況が違えば、自ずと異なったものになるのは、いわば常識である。そこで柄の形と色をコピーするだけで現状に合わせてしまうのが普通であろうが、それではいつまでたってもその時の現状を越えられない。千数百もの時代を飛び越えて、それぞれの裂類が作られた時代と寸分違わぬ「条件」と「状況」を機から作りだし、まったく同じものといっても差し支えのないものを作りだすこと――それは、現状の様々な制約から解き放たれて、織物製作上のいろいろな可能性を開示するところとなった。

すなわち、正倉院裂や名物裂のような、古典の古典たる真のオリジナル作品と同次元に立つことは、それが生まれた原点の無限の可能性の場に立つことである。復原とはひたすら古典にならい、古典の心を知らんとする「温故知新」の精神である。つまり「復原」は、文字通りの意味で故きを温め、新しきを知ることなのである。

ここに今一つ、「原に復す」ということの具体的な意味の問題が生じてくる。「現状」の古代裂をそのまま「復原する」ということは、例えば色彩の問題でいえば、退色した色に合わせるということになり「原状」に復すという意味では、古代における元の色彩がどんな色であったかを推測してかからねばならない。どのような染料を使用して色が出されているかということは判明していても、具体的には同じ染料を使用しても、ちょっとした使い方の違いで色が変わるから、ある程度は推測によるしかないということもある。

対象になる古代裂が完ぺきな形状で保存されていれば柄については問題はないが、ボロになって部分的に欠けているものの場合には、完全に「原状」に復そうとすれば推理による判断が入ってくる。ここで何のための「復原」かという立場の違いによる考え方の相違が生じる。もしそれが学問的研究の立場からであれば、たとえボロであっても「原品」がそのまま完全に保存されていれば研究の対象に十分成り得るであろうし、わからないところはわからないままにしておくのが学者としては正しい態度かも知れない？　文化財保存的立場からいえば「原品」が現代のすぐれた保存技術によりそれ以上朽ちていくのを防げればよい。

復原の真の意義を求めて

私どもにとって「復原」の意義は、たんに「保存する」ことや「研究する」ことのみにあるのではない。「保存する」という意味では、正倉院御物のように千数百年の風雪に耐えて、奇跡的に現存するという事実があるのだから、いま厳密に忠実に復原しておけば、もう二千年は大丈夫であろうと祖父は考えた。

祖父から父へとこれらの復原事業が受け継がれてから、父は祖父のなし得なかったことを実現させた。祖父の助言を受けつつ、父が本格的な復原を成し遂げたもののなかに、正倉院御物裂中もっとも豪華な錦で、学問的研究の成果から中国の皇帝所用の織物であったと思われる通称「琵琶袋」（大宝相華唐草文錦）という裂《きれ》があるが、父は友人である当代最高の学者たちの協力を得て考古学的、歴史学的、技術論的に、あるいは素材の歴史の研究や紋様学的研究等あらゆる角度から推し量って、妥当と思われる意匠を欠落した部分に嵌め込んだ。

そうした研究のもっとも華々しい成果といえるのが、「幻の錦」としてＮＨＫＴＶで放映され、映画の出来栄えもあって、モンテカルロ映画祭のドキュメンタリー部門で金賞を受賞、世界的にも有名になった「花樹対鹿錦《かじゆたいろくきん》」の復原がある。（口絵参照）

この復原の前提には、祖父が以前に復原していた岡倉天心とフェノロサが法隆寺の夢殿で彼の救世観音とともに発見した国宝「四騎獅狩文錦《しきししかりもんきん》」とのあまりにも多い類似があった。

この復原の真の意義は、「復原」がたんに美的織物が眼前に呈示されることのみにとどまらず、その背景にある歴史や文化の諸相を明らかにして、一枚のボロ切れに潜む壮大な歴史の一コマを明瞭に浮かび上がらせ展開させて、「復原」の意義を大きな歴史的文化研究にまで押し広げたところにある。豊かな時代に生まれ、恵まれた環境に育って、学者としての該博な知識と深い教養を身に付けた父ならではの復原であった。

私どもにとって「復原」とは、まず第一にそれが「温故知新」の精神そのものであることにより、織物製作上の基礎的研究を与えるものであることである。

第二には、ここが学問上の研究や、文化財保存的立場とは違うところだが、祖父や父が選択した復原の対象は、あくまで最高の美的価値をもった名作ばかりであり、たんなるぼろとぼろになった錦とを選別し駄作とおもわれるものはたとえそれがきわめて古いものであっても手を付けていないところにある。

つまり私どもはあくまで「もの造り」であり、それらの研究の成果が現在や未来の作品に生かされるのでなければ、「もの造り」としては「復原する」ことの意義が半減してしまう、と私は考えている。

いまや自動織機の発達とともに「正倉院裂」の写しが大量に生産される時代となり、祖父の時代から思えば隔世の感がある。正倉院裂や名物裂が大衆のものとなることはそれ自体けっして悪いことではないが、眼を覆うばかりの粗悪品が数多く出回っているのを見ると胸が痛む。願わくば「復原」の真の意味が歪んで行かぬように祈りたい。

たんに文化財保護的立場からばかりではなく、ましてや一時的な流行をあおるための「商品企画」に終わることなく、本当にこれらの「復原」が品質の高い新しいものを生みだし、現代の生活文化の中に生かされてこそ真に意義あるものとなろう。

二　「錦」の綜合的復原事業
——日本伝統織物保存研究会のめざすもの

龍村光峯

私たちが家業とする「錦」の世界は、専門的にはおおむね「伝統的先染紋織物（手織）」の範疇に入る。糸を染め、紋を作り、手織りで織る織物の総称である。今日の「西陣織」も手織の部門はこれにあたる。古来「故郷に錦《にしき》を飾る」とか「錦の御旗」と尊ばれ、「金襴緞《きんらんどん》子《す》に綾錦《あやにしき》」とうたわれて大切にされてきた。

帯や着物などなじみ深い高級織物の大半は、この伝承技術によって織り続けられてきた。だが、千数百年続いてきたこの伝統文化の足元が今崩れ去ろうとしている。これらの織物を織り出してきた「高機《たかはた》」を製作する「機大工」のような、高度な技術を持った職人たちが、すでにいくつかの工程で最後の一人になってしまっているからだ。

一九九四年、私を含め、この問題を憂慮する人々が集まり、京都で「日本伝統織物保存研究会」を結成したのも、そんな強い危機感を抱いてのことだ。

会の大きなヒントになったのは伊勢神宮の「式年遷宮」である。二十年ごとの遷宮では、建築から御神宝装束類にいたるまですべてが総合的に作り直される。それにより様々な伝統技術が総合的に伝承されてきた。これこそ「総合的復原」といえるのではないか。

伝統的先染紋織物の各工程で、織物はもちろん原材料、機装置、道具類を総合的に復原し、各技術者に仕事を創出し、その継続と後継者の養成をはかる。さらに、それらの技術をビデオなど多様な手段で記録し未来に伝える。また、一度の復原ではなく、生かし続けるしくみを考案する。これら一連の方策を、たとえ小規模でも、決意をもってこの研究会が実行することになった。

高機試作から始める

まず第一歩として私たちは、芸術文化振興基金と京都、東京両国立博物館の支援を得て、両館所蔵の正倉院裂《きれ》の一つ「緑地花鳥獣文錦」を復原することにした。往時の高機を試験製作することから総合的復原は始まった。

「空引機」をはじめとする高機は、古代中国以来少なくとも二千年以上にわたって最高の織物を織り出してきたが、研究者が少なく、歴史的変遷はまだよくわかっていない。木製だけに遺物が少なく、参考になる文献もほとんどないからだ。

現存する最古の高機や、正倉院裂のような織物のほうから推測する方法をとった。幸い世界に類例の無い保存状態で奇跡的に遺されている正倉院裂から、おおむねの寸法が推定できた。同院の絹織物のうち大半は、いわゆる天平尺の一尺九寸（五六・四一八㌢）あるいは、その倍幅で織られているという。

ここからこの織幅を織り出せる機幅を設定した。「緑地花鳥獣文錦」は主に緯糸で模様を表す古代の錦である緯錦《いきん》の一種倭《やまと》錦である。そこでこれを織り得る「綜絖《そうこう》」とよばれる機装置を設計製作した。

腰があり柔らかな風合い

使用する絹糸も調査の結果、不ぞろいな山繭のような糸を使用した。この絹糸は現在私たちが使用している手機用の糸繰り機でも繰ることができず、「たたり」という伊勢神宮の御神宝にもある古くからの道具を使った。「たたり」の技術者も、わずかの人数が残るのみである。

この絹糸は小石丸という品種の一種で、繊細そのもの。乱暴に扱うと切れてしまう。自然のままに母親が赤ちゃんを眠らせる時のように、ソフトに、リズミカルに糸に添って織らなければいうことをきいてくれない。

織り上がった倭錦の織物は、腰があり同時に赤ちゃんの肌のような温もりのある何ともいえない柔らかな風合いをしていた。なるほど古代の技術は、「思いやりの技術」、あるいは「自然に添う技術」といえるかもしれない。

復元された高機で倭錦を織り上げながら、私たちは「機械」というものの原点に立ち合っていると感じた。機《はた》とは文字通り「機械」というものがそこから生まれた起源である。くぎを使わず組み立てられた高機は、舟のような不思議な形をしている。構造力学的に、往時は貴重であった絹糸に負担のかからない素朴だがきわめて合理的なものである。

さらに、一度にという意味ではないが、五十種類以上の材木を使う「適材適所」の極致でもある。宮大工が造る建築が比較的静的であるのにたいし、機は各部分が異なる機能を持ち、動的なことが用材の多さにつながるのであろう。材料がそのたびごとに違い、材ごとの性質を見きわめて組み上げるため、現代の機械とは異なり、設計図は最後にしかできないというのも面白い発見であった。

かつては一種の神器

また「空引機」に鳥居がのせられていたことや、「ヒツギ」などという各部分の名称から、古代の人々が一種の神器と考えていたことが想像される。「機械」が神器とあがめられるとはちょっと理解しがたいが、古代の技術を理解しようとすれば、このような根本的な考え方を再発見していくことから始めなければならないだろう。

抽象と具象を越えた文様

さて、復元された「緑地花鳥獣文錦」（二二三八頁）について少しだけ述べてみよう。これもあまりにも豊かな内容を持つが、主に気のついた点だけをかいつまんで述べてみる。

まずデザインが非常に精緻で高度なことがあげられる。写真を見れば一目瞭然だが、中央にいわゆる「唐花」といわれる大きな花があり、対《つい》の「獅子狛犬《ししこまいぬ》？」が上部にいて、さらに上部には対《つい》の水鳥が波紋と思われる上に浮かんでいる。副文には小さな花と「ザクロ」と思われる紋などがあるが、やはりメソポタミア起源の対《つい》の動物の中央に「生命の樹」がある樹下動物文の系統を引く図柄と考えられる。

これを見ていると、つくづくデザインなどは「不易流行」という場合の「流行」があるだけで、まったく進歩していないのではないかと思われる。

コンポジションは明晰に「同心円」と「六角形」で構成されているが、けっしてたんに「抽象的」とはいい切れず、「抽象」とか「具象」とかいう近代の狭苦しい枠を優に超えている。

また、すべての白い線が古代紫の線で「くくられている」ことと、何となく線が柔らかくやまとぶりを感じさせることから、日本画のルーツではないかと指摘する識者もいた。

今回の復元機や裂は、いろいろな分野の専門家や識者に見ていただいているが、文様の形や意味一つにしても百家争鳴で議論は沸騰するばかりである。肝心の「獅子」であるか

「犬」であるかにしても、阿吽《あうん》ではなく両方の口が開いており、「獅子・狛犬」の文様が確立する以前の姿を表していると考えられ、この裂を正倉院事務所に持参したときに、東大寺のかの有名な「阿吽《あうん》」一対の仁王の裏側にある「獅子・狛犬」の像が「阿吽」になっていないことに気づかされた。

このような精緻で高度なデザインをつくり出すことのできる人が、色彩にたいし、いい加減であるはずがなく、復原する上でもっとも苦心したのも色であった。

赤が茜《あかね》系であり、緑が本藍と黄蘗《キハダ》、刈安《カリヤス》などの黄色系植物染料で染められていることは科学的分析でわかるとしても、保存環境により、退色の度合いが裂《きれ》により、また染料によってケースバイケースなので「この色」であるということをいい切ることはまずできない。すべての「復原」において「色」がもっとも問題となる所以である。このことだけは「復原」の作り手の感性が大きく作用する創造的にならざるを得ない部分である。

そこで私は、時代は変わっても同じ「ものづくり」としてこれだけ高度で完成度が高いデザインのできる人の配色である以上、それをけっして損なわないような格調高い配色でなければならないと考えた。遺物と照らし合わせながら、製作上何度も試織《ためしおり》を重ね、芸術的完成度を高めるべくもっとも苦心した点である。とくにこの織物の場合は、一色を動かすと他の色も動くので、試織にとても時間がかかってしまった。

「五更《ごこう》」にこめられた超技術

思うに古代の技術やデザインには、私たち現代人からはまずできないような発想やアイデアがある。ピラミッドの製造技術や中国古代の玉《ぎょく》の加工技術など、現代の眼からも驚異的と感じられる技術があり、その技法などが私たちにとって謎であるのは、根本的な考え方の違いにあるのではないだろうか。

今回気がついた一例として、経糸を巻き取っていく「五更《ごこう》」とよばれる装置に、現代人にはまず思いつかない発想があった。昔の職人たちには、そばに時計はなかったであろう。夜なべして作業している時に、時をはかったのはじつは他ならぬその作業そのものであった。（私どもの経験からでも、すぐれた職人ほど、軽やかな、心地よいリズムで正確な時間で織り上げる）。

「五更」とは、一更が約二時間を表し、織っていく作業（運動）工程そのものが「五更」

に伝達され、二時間経つと一更分が回転する。言ってみれば、私たちの心臓の鼓動や脈打ちがセンサーを通してそのまま時計になっているようものである。

古代における「機」とは、神仏や自然とのきわめて微妙なバランスの上に成り立った「機械」であり、「技術」なのである。これは現代の最先端の科学技術にとっても良きにつけ悪しきにつけ、大きなヒントになるであろう。

これはほんの一例である。少なくとも奈良時代から千数百年にわたって蓄積され、時の試練に耐え抜いて洗練され尽くしたこれらの伝承技術文化を、この人類の宝ともいうべきものを、現代日本はあたかもゴミを捨てるかのように捨ててきた。

今、私たちが早急になすべきことは、この伝統技術文化が完全に消滅してしまわないうちに、これを「再生」し、古代からの知恵と工夫の結晶を採り出し学ぶことにより、西洋の近代科学技術文明を対象化しつつ、現代の最先端の技術と直結させ、結びつけることではないだろうか。

古代の技術がきわめてシンプルではあるが合理的で、何よりも「宗教的」とさえいえる深い意味を付帯し、超技術的技術であるといい得ることから、未来の技術のあるべき姿と、あるべきでない姿とが写し出され、必ずや将来の環境技術をはじめとする技術思想にも多いに役立つであろう。そんな時が、潮が満ちるように訪れているのである。

復原した緑地花鳥獣文錦（瀧村光峯）

[著者略歴]

二代龍村平蔵（光翔）　龍村謙。明治三十八年四月二十八日大阪市に生まれる。昭和四年東京帝国大学文学部美術史を卒業。同年から翌年にかけて外遊。帰国後織物製作、染織史研究に専念す。同四十一年に二代平蔵襲名披露を行なう。㈱龍村織物美術研究所所長として活躍する。昭和五十四年（一九七九）没、享年七四歳。

著書『織染の美』（毎日新聞社）、『古代裂名品集』（芸艸堂）、『名物裂類集』（京都書院）。

[増補者略歴]

龍村光峯（龍村順）　昭和二十一年兵庫県宝塚市に二代龍村平蔵の三男として生まれる。昭和四十六年早稲田大学文学部卒業、同年国際交流基金事業部展示課勤務、昭和五十一年家業継承のため京都へ帰る。同年㈱龍村平蔵織物美術研究所（現㈱龍村光峯）代表取締役に就任、現在に至る。平成五年大蔵省買上げ三田会議所錦織額「和の集」納入、同年、皇太子妃雅子妃殿下御婚礼御支度品制作、平成六年日本伝統織物保存研究会設立、理事長に就任。以降、伝承技術の保存育成に取組み、京都・東京両国立博物館所蔵正倉院裂「緑地花鳥獣文錦」等を復原。平成十五年欧州四ヵ国巡回展開催。平成十八年国立京都迎賓館主賓室錦織額「暈繝段文」納入。

著書『KOHO』作品集（光琳社出版）など。

1967 年　1 月 15 日　初版発行
2009 年　6 月 25 日　増補版発行
2018 年　9 月 25 日　普及版発行

本書は 2009 年 6 月に刊行した増補版の
一部を普及版として刊行するものです。

錦とボロの話　【普及版】

二代 龍村平蔵
著　者　龍《たつ》村《むら》光《こう》翔《しょう》
増補者　龍《たつ》村《むら》光《こう》峯《ほう》
発行者　宮田哲男

発行所　株式会社　学生社
〒102-0071　東京都千代田区富士見 2-6-9
TEL 03-6261-1474／FAX 03-6261-1475
印刷・製本／株式会社ティーケー出版印刷

ISBN 978-4-311-80127-3　C0021
N.D.C.753 240p 19cm